Dr. Dieter Freitag

Einfach

Der natürliche Weg zu Gesundheit, Gelassenheit und Lebensfreude

leben!

südwest

Inhalt

LINKS: *Wasser dient in erster Linie der Körperpflege und der Sauberkeit im Haushalt. Bei großem Durst trinken Rohköstler natürliches Mineralwasser.*
RECHTS: *Frisch aus der Erde – so schmeckt das Gemüse am besten. Und kleine Erdreste schaden nicht, im Gegenteil. Sie führen uns wichtige Mineralstoffe zu und reinigen den Organismus.*

Den Körper trainieren

Einfach leben

Im Tao leben

OBEN: *In der Ruhe liegt die Kraft – einfach und gelassen leben!*

Mein eigener Weg

Stärkste berufliche An-
strengungen, ein schwerer
Kletterunfall und persön-
liche Umorientierung
waren schwierige Meilen-
steine, zu deren Bewälti-
gung ich für mich die
Strategie entwickelt habe,
natürlich, möglichst ein-
fach und nach den taoisti-
schen Prinzipien zu leben.

Ernährungsumstellung

Eigentlich fing es 1983 damit an, dass ich beim Windsurfen in der Brandung von Sylt leichter, kräftiger und ausdauernder werden wollte. Auch erhoffte ich mir eine bessere Gesundheit bezüglich Schnupfen und grippaler Infekte, denn der starke Wind und das kalte Wasser setzten mir trotz Neoprenanzug immer wieder stark zu. Ich war damals immerhin schon fast 50 Jahre alt und verglichen mit den anderen Surfern von Anfang 20 bis maximal Mitte 30 eine Art Methusalem. Aber dank meines jahrelangen Leichtathletiktrainings und einem Leben ohne Rauchen und Alkohol war ich noch einigermaßen fit.

Alle Autoren, die mir persönlich wertvolle Anregungen gegeben haben und für meine Entwicklung wegbereitend waren, sind im Literaturverzeichnis auf Seite 111 mit ihren Werken aufgeführt. Die Lektüre der Werke empfehle ich zur Ergänzung und Vertiefung.

Ich begann damit, meinen täglichen Speiseplan hauptsächlich mit Kohlenhydraten zu füllen, vor allem mit rohem Gemüse und Obst. Aber auch gekochter Naturreis und Teigwaren gehörten dazu. Obwohl sich meine sportlichen Leistungen nach dieser Ernährungsumstellung leicht verbesserten, konnte von einem Durchbruch noch nicht die Rede sein und schon gar nicht von einer besseren Gesundheit. Ich ging dazu über, noch mehr Rohkost zu mir zu nehmen, Gemüsesalat und Nüsse als Mittag- und Abendessen.

Allerdings verwendete ich noch Pflanzenöl und Obstessig. Morgens gab es Frischkornmüsli aus gewässertem gemahlenem Weizen und frischem Obst. Getrunken wurde ausschließlich natürliches Mineralwasser. Jetzt waren die Ergebnisse schon ganz ansehnlich. Ich verlor deutlich an Gewicht, von 75 auf 65 Kilogramm bei 176 Zentimeter Körpergröße, blieb aber kräftig und gewann an Ausdauer. Ich hatte keine Verdauungsbeschwerden mehr, kleine Wunden heilten schneller, und auch die intellektuelle Klarheit verbesserte sich. Der gelegentliche Schnupfen verschwand aber erst, als ich auf den Frischkornbrei verzichtete und morgens nur noch Obst aß. Als Nächstes habe ich auch Essig und Öl aus der Liste meiner Nahrungsmittel gestrichen und nur noch Obst, Gemüse und Nüsse ungemischt gegessen. Hierbei habe ich mich zunächst an den frühen Rohkostpionieren orientiert, dessen Ernährungsphilosophie auch den Verzehr roher Tierprodukte vorsieht, was für mich natürlich nicht infrage kommt. Später war dann der Vegetarier Helmut Wandmaker für meine Ernährungsauffassung wegweisend.

Große Veränderungen

Ich blieb bei dieser Ernährungsweise mit vegetarischer Rohkost und fügte meinem Speiseplan lediglich noch Wildkräuter hinzu. Mit meiner Gesundheit und Fitness ging es nun steil bergauf. Parallel dazu setzte eine grundsätzliche Wende in meinem Leben ein. Als Erstes bin ich nicht mehr von Bayern an die Nordsee zum Windsurfen gefahren, sondern ich entdeckte meine Leidenschaft für das Klettern an den heimischen Felsen, neudeutsch Freeclimbing genannt. Inzwischen wog ich nur noch das Idealgewicht für den Klettersport von 60 Kilogramm, und war durch Rohkost, regelmäßiges Krafttraining und Klettern in körperlicher Bestform. Sehr zum Erstaunen meiner 20 bis 30 Jahre jüngeren Kletterpartner kletterte ich nach drei Jahren bereits im achten Grad, was eigentlich Ziel und Endstation einer herkömmlichen Kletterkarriere darstellt.

Beruf und Karriere

Beruflich ging es auch gut voran. Als promovierter Diplomingenieur der Elektrotechnik habe ich es immerhin vom Sachbearbeiter in der Entwicklung zum Technischen Werksleiter einer 5000-Mann-Fabrik eines großen Elektrokonzerns gebracht. Einige persönliche Kompromisse waren natürlich erforderlich gewesen, doch der Spaß an den technischen Herausforderungen machte alles

MITTE: Fremde Länder bieten eine ganz eigene, abwechslungsreiche Auswahl an wunderbaren Obst- und Gemüsesorten.

wieder wett. Auch war im Werk die Zusammenarbeit mit Kollegen und Mitarbeitern ausgezeichnet. Selbst für meine Extravaganzen wie Rohkost und Sportklettern hatte man Verständnis. Im Kasino stellte der Koch für mich zum Mittagessen stets einen vorzüglichen Rohkostsalat mit Avocados und Nüssen zusammen. Etwas schwieriger war es schon bei meinen häufigen Auslandsreisen zu unseren Landesfabriken, Kooperationspartnern und Mitbewerbern. Aber irgendwie gelang es den Gastgebern stets, für mich Obst oder Gemüse auf den Tisch zu bringen. Bei diesen Gelegenheiten lernte ich die herrlichen Früchte von Brasilien, Mexiko und Indien kennen. In den USA und in Japan konnte ich dagegen auf eine große Auswahl an Rohkostsalaten zurückgreifen.

Ganz eindeutige Vorteile durch die Rohkost gab es für mich besonders bei schwierigen Verhandlungen nach dem Mittagessen, wo die Konkurrenten durch die reichhaltige Kochkost und den Tischwein oft mit Müdigkeit zu kämpfen hatten. Interessant war außerdem, dass die japanischen Manager manchmal ganz offensichtlich mehr an meinen Ernährungsberichten als an meinem technischen Vortrag interessiert waren. Beim Mittagessen haben sie häufig mehr mitgeschrieben als im Konferenzsaal.

Ein erstes Alarmzeichen

Die größte Veränderung in meinem Leben bestand aber darin, dass sich meine persönlichen Interessen stark änderten. Hatte ich vorher Spaß an Popmusik, spannender Trivialliteratur und sogar gelegentlichem Discobesuch gehabt, war ich jetzt mehr zu begeistern für klassische Musik, interessante Sachbücher und Vorträge zur persönlichen Entwicklung. Auch begann ich an den Wochenenden eine Ausbildung zum Heilpraktiker. Mein Plan war, nach meiner Pensionierung mit 65 Jahren den Menschen zu zeigen, wie sie sich mit natürlichen Mitteln – insbesondere durch eine Ernährung mit Rohkost – von fast allen Krankheiten heilen können.

Dank meiner natürlichen Ernährungsweise mit Rohkost heilten die Verletzungen nach meinem ersten Sturz sehr rasch, und zwei Wochen später konnte ich das Training bereits wieder aufnehmen.

Damit war ich jetzt natürlich voll ausgelastet. Einmal forderte der Beruf meinen vollen Einsatz, am Wochenende war ich in der Heilpraktikerschule, und jede freie Minute widmete ich dem Klettern. Familie, Freundschaften und andere Interessen gerieten mehr und mehr ins Hintertreffen. Die erste Warnung kam 1991, als mich ein Klettersturz aus vier Meter Höhe durch Abrutschen vor dem ersten Haken mit Prellungen und einem gebrochenen Oberkiefer für zwei Tage ins Krankenhaus brachte. Ein Jahr später kam bereits die zweite Warnung: Ich stürzte aus 15 Meter Höhe über zwölf Meter ins Seil, weil ich vergessen hatte, mich in den letzten Haken einzuklinken. Wie durch ein Wunder kam ich völlig unverletzt davon.

An diesem Punkt wurde mir klar, dass ich meine Aktivitäten reduzieren und mit etwas mehr Ruhe und Besonnenheit ausführen musste. So hörte ich für einige Zeit auf zu klettern, machte im Werk etwas eher Feierabend und widmete mich mehr meiner Familie und den Freunden. Aber im Winter 1994 begann ich wieder mit leichtem Klettertraining in der Halle, was eigentlich weniger Risiken beinhaltet. Doch im Dezember 1994 kam mein großer Sturz.

Ein schwerer Kletterunfall

Spät aus dem Büro gekommen, wollte ich eigentlich nur an den Geräten trainieren, doch ließ ich mich gegen Ende des Abends doch noch zu einigen Klettertouren überreden. Gleich die erste war überhängend im siebten Grad, aber ich kam zügig hoch. Oben angekommen gab ich das Kommando zum Ablassen. Durch einen unglücklichen Umstand hatte sich aber das Seil um meinen Spezialkarabiner mit Drehsicherung gewunden und ihn geöffnet. So stürzte ich aus über acht Metern Höhe auf den Hallenboden, der nur mit einer dünnen Matte belegt war.

Während des Fluges gingen mir tausend Gedanken durch den Kopf, und ich schwor mir – sollte ich überleben – mein Leben total zu ändern. Ich versuchte dann, mich darauf zu konzentrieren, auf Händen und Füßen zu landen, was mir auch gelang, so dass Kopf und Rücken wenigstens einigermaßen geschützt waren. Unten angekommen verspürte ich wegen des Schocks keinen Schmerz und konnte auch die Beine bewegen. Allerdings sah ich, dass mein rechter Fuß verdreht und das linke Handgelenk in einem denkbar unnatürlichen Winkel abstand.

Erste Bestandsaufnahme

Alles Weitere ging dann sehr rasch: Krankenwagen, Unfallstation und erste Röntgenbilder. Sie zeigten Trümmerbrüche beim rechten Fersenbein und linken Handgelenk und mehrere Kompressions- und Vorderkantenfrakturen bei den Rückenwirbeln. Aber keine Luxationsfraktur der Wirbelsäule. Resultierend wurden mir mindestens sechs Monate strenge Bettruhe und etwa ein Jahr

MITTE: *Wichtig beim Klettern ist die Sicherheit.*
RECHTS: *Griffsicherheit erlangt man nur durch regelmäßiges Training.*

Klinikaufenthalt angekündigt. Außerdem müsste ich beim rechten Fuß und linken Handgelenk mit bleibenden Schäden rechnen, an Klettern und Bergsteigen wäre nicht mehr zu denken.

In den folgenden Wochen haben die Ärzte dann in mehreren sechs- bis achtstündigen Operationen Handgelenk und Fersenbein mit Drähten und Schrauben wieder zusammengeflickt. Bei den gebrochenen Wirbeln hat man auf die Selbstheilungskräfte des Körpers gesetzt, wobei in Kauf genommen wurde, dass der Bereich der unteren Brust- und oberen Lendenwirbel weitgehend steif bleiben könnte.

Da längeres Sitzen für einige Jahre unmöglich erschien, begann ich zu diesem Zeitpunkt meine Frühpensionierung zu planen, und machte mir verstärkt Gedanken darüber, wie ich meine Aktivitäten im Bereich Gesundheit und Ernährung weiter vorantreiben und beschleunigen könnte.

Ein Schritt nach dem anderen

Bezüglich Ernährung konnte ich nach einigen Gesprächen mit dem sehr verständnisvollen Oberarzt und der zuständigen Diätassistentin erreichen, dass ich als Frühstück und Mittagessen nur Obst und als Abendessen Rohkostsalat ohne Dressing erhielt.

Allerdings hatten Obst und Gemüse nur Supermarktqualität, und wenn ich nicht täglich mit frischem Obst und Gemüse aus dem Bioladen versorgt worden wäre, hätte meine Genesung sicherlich länger gedauert.

Aufgrund der hohen Strahlenbelastung, die ich meinem Körper nicht zumuten wollte, lehnte ich auch die häufigen Röntgenaufnahmen ab, womit ich wiederum auf Unverständnis und Widerstand bei den Ärzten stieß.

Weniger Verständnis fand allerdings meine Ablehnung aller Schmerz-, Abschwell- und Schlaftabletten. Darüber hinaus begann ich mich, trotz ständiger Ermahnungen ruhig liegen zu bleiben, bereits einige Tage nach Einlieferung im Bett aufzurichten und kleine Gymnastikübungen zu machen. Bald verschwanden die Schmerzen und überall in meinem Körper setzte der Heilungsprozess ein. Bereits nach vier Wochen konnte ich mich wieder allein im Rollstuhl fortbewegen, sogar im Klinikladen Obst einkaufen.

Ein nächster Schritt war eine spezielle Gehvorrichtung zur Entlastung der rechten Ferse, die ich mir habe anfertigen lassen, und tägliche Übungsstunden mit einer Krankengymnastin haben meine Mobilität Stück für Stück erweitert.

Nachdem ich dann gut zehn Meter mit der Gehvorrichtung und den Krücken gehen konnte, beantragte ich meine Entlassung aus der Klinik nach Hause. Nach drei Wochen Akklimatisierung wollte ich dann von dort aus in eine Rehaklinik überwiesen werden. Dies wurde auf meine eigene Verantwortung genehmigt, so dass ich insgesamt bereits nach acht Wochen das Krankenhaus wieder verlassen habe.

Die Gesundheit wiederherstellen

In meiner eigenen Wohnung im ersten Stock kam ich trotz fehlenden Fahrstuhls gut zurecht, und bald konnte ich die Treppe auch ohne Hilfe meistern. Schließlich durfte ich das rechte Fersenbein wieder belasten und konnte bald sogar ganz ohne Krücken gehen. In die 200 Kilometer entfernte Rehaklinik bin ich dann allein mit dem Auto gefahren, was aber sehr unvernünftig war, denn mein rechter Fuß schmerzte nach einer Stunde Fahrzeit fast unerträglich.

In der Klinik wurde ich ebenfalls gut behandelt und bekam als Sonderservice jeden Morgen frisches Obst aufs Zimmer geliefert. Rohkostsalate gab es mittags und abends vom Buffet. Ich habe mir dann ein passendes Übungsprogramm zusammenstellen lassen und täglich acht Stunden mit Krankengymnastik, Rückenschule, Schwimmen, Fangopackungen u. v. m. verbracht. Bald durfte ich auch jeden Tag für eine Stunde in den Kraftraum, um meine bereits total verkümmerten Muskeln wieder aufzubauen. Daneben bin

ich jeden Tag zwei Stunden erst mühsam ge-
humpelt, mit der Zeit jedoch zunehmend
schmerzfreier und leichter gewandert. Als
ich nach sechs Wochen entlassen wurde,
konnte ich dann ohne Probleme mit dem
Auto heimfahren.

Zu Hause hatte ich inzwischen den Be-
scheid bekommen, dass mein Rentenantrag
in Arbeit sei und von meiner Firma mein
vorzeitiges Ausscheiden geprüft werde. Ich
begann sofort wieder mit einem intensiven
und regelmäßigen Körpertraining und lebte
so natürlich, wie ich es mir nur irgendwie
einrichten konnte.

Neubeginn

Inzwischen sind seit dem Unfall sieben Jahre
vergangen, und ich fühle mich wieder sehr
wohl in meiner Haut. Dazu tragen sicherlich
die 100-prozentige Ernährung mit Rohkost,
das tägliche Walking, das regelmäßige Krafttraining und Bouldern, d. h. Klettern in Absprunghöhe, entscheidend bei. Außerdem

spare ich Lebensenergie durch einen langsa-
meren Lebensstil und mehr Muße. Auch habe ich mein Leben sowohl in materieller als
auch intellektueller Hinsicht stark verein-
facht. Ganz wichtig für meine positive Einstellung zum Leben und für meine Gelassenheit gegenüber den Unwegsamkeiten des
Alltags ist die Beachtung einiger Grund-
regeln des Taoismus und meiner eigenen Erkenntnisse, die ich durch meinen Unfall gewonnen habe.

Nach meinem Ausscheiden aus dem Berufsleben habe ich meine Heilpraktikeraus-
bildung erfolgreich abgeschlossen und bin
jetzt nach einigen weiterbildenden Seminaren als Gesundheits-, Ernährungs- und zunehmend auch als Lebensberater tätig. Hier
leite ich auch einen Gesprächskreis zum
Thema »Rohkost«, dessen Teilnehmer sich
regelmäßig zum Erfahrungsaustausch treffen. Des Weiteren halte ich Vorträge und
schreibe Aufsätze und Bücher über meine
Lebensphilosophie.

Mit sich und der Natur im Einklang leben
Ein natürliches Leben mit Rohkost ist die Basis für eine gute und
stabile Gesundheit. Ein regelmäßiges Körpertraining und das Sparen von Lebensenergie gehören unmittelbar dazu. Einfachheit bei
materiellen Gütern und bei geistigem Verhalten ist ein weiteres
wichtiges Merkmal. Als letzter Aspekt sind die Grundlagen des
Taoismus für meine persönliche Lebensphilosophie wichtig, die ich
mit eigenen Erkenntnissen ergänzt habe. Durch dieses Lebenskon-
zept wurde ich wieder gesund, gelassen und fand zu neuer Lebensfreude und -qualität.

Rohkost als
Basis

Wer sich gesund und na-
türlich ernähren möchte,
kommt an der Rohkost
nicht vorbei. Die Natur hat
hier für einen abwechs-
lungsreichen Speiseplan
gesorgt, der uns mit allen
notwendigen Biostoffen
versorgt.

Was in der Natur des Menschen liegt

Trotz aller medizinischen Erfolge nehmen Krankheiten in unserer Gesellschaft zu, steigen die Gesundheitskosten in extreme Höhe und geht die Lebenserwartung der Westeuropäer zurück. Mit fortschreitendem Alter treten bei den meisten Menschen eine oder mehrere der folgenden Krankheiten auf:

- Adipositas (Fettsucht)
- Arthrose (degenerative Gelenkerkrankung)
- Blasenkrankheiten
- Diabetes mellitus (»Zuckerkrankheit«)
- Gicht
- Grauer Star (Linsentrübung)
- Haarausfall
- Herz-Kreislauf-Erkrankungen
- Hörsturz
- Krebserkrankungen
- Magen-Darm-Krankheiten
- Migräne (anfallartige Kopfschmerzen)
- Multiple Sklerose (Erkrankung des zentralen Nervensystems)
- Nieren- und Gallensteine
- Osteoporose (Knochenschwund)
- Parodontose (Zahnbetterkrankung)
- Prostatavergrößerung
- Rheumatische Erkrankungen
- Schlaganfall
- Schilddrüsenerkrankung
- Schuppenflechte
- Tinnitus (Ohrgeräusche)
- Zellulite (Orangenhaut)

Demgegenüber gibt es bei den wild lebenden Tieren in unberührter Natur fast keine Krankheiten. Schon im vorigen Jahrhundert wurde der Verdacht geäußert, dass die eigentliche Ursache für die große Flut unserer Zivilisationskrankheiten die Abkehr von der Ernährungsweise der Urmenschen ist.

Entwicklungsgeschichte des Menschen

Wer waren aber die Urmenschen, und wie haben sie sich ernährt? Inzwischen weiß man beides einigermaßen genau. Nachdem sich die Erde vor 4,5 Milliarden Jahren gebildet hatte, entstand vor 3,5 Milliarden Jahren mit den ersten Bakterienzellen das Leben. Vor 700 Millionen Jahren entwickelten sich die frühen Tiere, vor 225 Millionen Jahren tauchten die Dinosaurier auf, vor 70 Millionen Jahren verschwanden sie wieder. Vor etwa 20 Millionen Jahren entstanden die Menschenaffen und vor vier Millionen Jahren die aufrecht gehenden Südaffen, mit denen das Kapitel Mensch in Südafrika begann.

Lucie ist die berühmteste Vertreterin der Südaffen, die vor etwa drei Millionen Jahren in Äthiopien gelebt hat. Sie war 135 Zentimeter groß und dürfte etwa die Intelligenz der heutigen Schimpansen besessen haben. Der Homo habilis lebte vor zwei Millionen Jahren und erfand erste Werkzeuge. Der Homo erectus folgte vor 1,6 Millionen Jahren,

Entwicklungsstadien der Menschheit

ENTWICKLUNGSSTUFE	VOR JAHREN	MERKMALE
Südaffen	4,0 Mio.	Südafrika, aufrechter Gang
(Lucie, Äthiopien)	3,0 Mio.	
Homo habilis	2,0 Mio.	Ostafrika, erste Werkzeuge
Homo erectus	1,6 Mio.	Umweltanpassung, Asien, Europa
	400 000	Entdeckung des Feuers
Homo sapiens archaicus	250 000	Hohe Intelligenz
Neandertaler	125 000	Werkzeuge aus Knochen, rituelle Beerdigungen
Cromagnon	40 000	Voll entwickelte Sprache
Moderner Mensch	10 000	Erfindung von Kochen, Ackerbau und Viehzucht

entdeckte das Feuer vor 400 000 Jahren und wanderte aus nach Asien und Europa. Den veränderten Umweltbedingungen konnte er sich anpassen. Vor 250 000 Jahren kam der Homo sapiens archaicus mit deutlich höherer Intelligenz. Dem Homo sapiens sind auch die folgenden Spezies zuzurechnen.

Vor 125 000 Jahren kam der Neandertaler, dessen rituelle Beerdigungen Hinweise auf seinen hohen geistigen Entwicklungsstand geben. Trotzdem wurde er vor 40 000 Jahren durch die Spezies Cromagnon mit bereits voll entwickelter Sprache und insbesondere vor 10 000 Jahren durch unseren Urahnen – den Modernen Menschen – abgelöst. Letzterer erfand weit reichende Waffen wie Speer und Bogen und insbesondere Kochen, Ackerbau und Viehzucht.

Ernährung des Urmenschen

Und wie haben sich die Urmenschen ernährt? Heute gilt als gesichert, dass der Mensch wie die Menschenaffen als typischer »Frugivore«, d. h. Früchteesser, veranlagt ist. Sein Erbgut, also DNA und Gene, unterscheidet sich vom Erbgut des Schimpansen nur um 1,6 Prozent.

Die Veranlagung zum Früchteesser ist vor allem an seinen Zähnen und der Darmlänge zu erkennen. Außerdem kann der Mensch kein Vitamin C synthetisieren, wie beispielsweise die Affen, Meerschweinchen usw., weil pflanzliche Nahrung ausreichend Vitamin C enthält. Auch fehlt ihm das Harnsäure abbauende Enzym Urikase, wie allen typischen Pflanzenfressern im Gegensatz zu den typischen Fleischfressern.

Stufen der Ernährung

Entwicklungsstufe	vor Jahren	Ernährung
Südaffen	4,0 Mio.	Rohkost (Früchte, Blätter, Wurzeln, Nüsse, Kerne)
Homo habilis	2,0 Mio.	Vgl. Südaffen
Homo erectus	1,6 Mio.	
	400 000	Rohkost, gelegentlich Kochkost
Homo sapiens arch.	250 000	Vgl. Homo erectus
Neandertaler	125 000	Vgl. Homo erectus
Cromagnon	40 000	Vgl. Homo erectus
Moderner Mensch	10 000	Kochkost (Fleisch, Fisch, Eier, Gemüse, Milch- und Getreideprodukte), gelegentlich Rohkost

Die Ernährung unserer Vorfahren

Bevor das Feuer vor 400 000 Jahren entdeckt wurde, bestand die Ernährung von Südaffen, Homo habilis und Homo erectus ausschließlich aus Rohkost, d. h. aus Früchten, Blättern, Wurzeln, Nüssen und Kernen. Nach der Erfindung des Feuers vor 400 000 Jahren wurde gelegentlich auch die Nahrung gekocht oder gebraten. Aber erst mit dem Modernen Menschen, der vor 10 000 Jahren Tongefäße erfand, Getreide anbaute und Vieh züchtete, entwickelte sich die heutige Kochkost aus Fleisch, Fisch, Eiern, Gemüse, Milch- und Getreideprodukten. Rohkost gibt es nur noch gelegentlich als Obst oder Gemüsesalat. Durch die vier Millionen Jahre Rohkost ist der ganze Metabolismus des Menschen geprägt. Danach haben sich der Verdauungsapparat entwickelt und seine 5000 Enzyme. In den dagegen fast kurz erscheinenden 10 000 Jahren danach, in denen Kochkost aus Fleisch, Fisch, Eiern, Gemüse, Milch- und Getreideprodukten und weiter denaturierter Nahrung verzehrt wurde, war eine Anpassung daran nicht möglich.

Veränderung der menschlichen Nahrung

In den letzten 10 000 Jahren hat der Mensch neben dem Erhitzen noch weitere Methoden gefunden, um seine Ernährungsweise von den ursprünglichen, natürlichen Gegebenheiten zu verfremden:

▶ Denaturierung durch Wärme über 40 °C wie Kochen, Dünsten, Braten, Trocknen mit großer Hitze sowie durch Kälte unter 0 °C wie Einfrieren, Tiefgefrieren und Bestrahlen

▶ Denaturierung durch mechanische Be-

handlung wie Zerkleinern, Schroten, Mahlen, Pressen, Extrahieren
▶ Anwendung von Chemikalien wie Kunstdünger, Pestizide, Herbizide und Fungizide, Verzehr von synthetischen Produkten und Medikamenten
▶ Genmanipulation bei Pflanzen und Tieren
▶ Künstliche Zucht und Auslese, wie beispielsweise bei Getreide, sowie bestimmte Anbautechniken wie Düngen mit Mist und Gülle von Tieren, die mit erhitzter oder anderweitig denaturierter Nahrung gefüttert wurden
▶ Verzehr von Kuh-, Schaf- und Ziegenmilch sowie daraus hergestellter Produkte, wie beispielsweise Käse, Quark, Joghurt
▶ Genuss von Tabak, Alkohol, Koffein und anderen Rauschgiften

Tierisches Eiweiß in der Nahrung

Obwohl der Mensch auch nicht an rohes Fleisch und rohen Fisch angepasst ist, kann er doch wie die Urmenschen gelegentlich kleinere Mengen davon vertragen, ohne gesundheitliche Schäden befürchten zu müssen. Auch Orang-Utans, Gorillas und Bonobos verzehren zu etwa 1,5 Prozent tierisches Eiweiß, vor allem Kleinsttiere, zu deren Lebensraum natürlicherweise Früchte, Gemüse, Grünblattpflanzen und Nüsse gehören und die so in die Nahrungskette der Primaten gelangen.

Nur Schimpansen verzehren mit einem Anteil von etwa fünf Prozent deutlich mehr tierisches Eiweiß. Nach meiner Meinung ist dies aber kein ursprüngliches Verhalten, sondern die Folge der Einschränkung ihres Lebensraums durch den Menschen. Vom Menschen sollte außerdem auch die ethische, ökonomische und ökologische Seite des Fleisch- und Fischverzehrs beachtet werden.

Auftreten von Krankheiten

Unabhängig vom Thema »Rohkost« haben französische Forscher 1996 eine große Zahl der entdeckten Skelette der Urmenschen auf Krankheitsspuren untersucht. Dabei zeigte sich, dass die Südaffen und auch der Homo habilis wie eben auch die wild lebenden Tiere nahezu frei von Krankheiten waren. Erst beim Homo erectus traten nach Entdeckung des Feuers vor 400 000 Jahren die ersten Zahnschäden und vor 300 000 Jahren auch Malaria auf. Bei den Neandertalern konnten dann bereits Gehirntumore und Syphillis nachgewiesen werden.

MITTE: *Wer Getreide auf seinen Rohkostspeiseplan setzt, sollte auf ursprüngliche Sorten und den pestizidfreien Anbau achten.*

Die Krankheiten der Zivilisation

Aber erst vor 10 000 Jahren mit dem Modernen Menschen und der Erfindung von Kochen, Ackerbau und Viehzucht und damit der Kochkost aus Fleisch, Fisch, Eiern, Gemüse, Milchprodukten und modernen Getreidesorten wie Weizen entstand eine immer größer werdende Anzahl von Krankheiten wie Karies, Tuberkulose, Lepra, Krebserkrankungen, Herzkrankheiten und Gicht.

Wesen und Ursachen von Krankheiten

Aber was sind genau die Hintergründe dieser Krankheiten? Die Vertreter der Schulmedizin und Rohkosttherapeuten sehen sie im Allgemeinen aus einem ganz unterschiedlichen Blickwinkel:

▶ Vom Standpunkt der Schulmedizin werden Infektionskrankheiten durch Bakterien, Viren, Pilze oder andere Krankheitskeime hervorgerufen, die den Menschen vergiften. Aus diesem Grund werden sie mit Antibiotika, Impfungen, Desinfektionen usw. bekämpft. Viele chronische Leiden, wie beispielsweise Herz-Kreislauf- oder Magen-Darm-Erkrankungen, werden als genetische Veranlagung erklärt oder auf ein Übermaß an Stress zurückgeführt. Bei rheumatischen Erkrankungen, multipler Sklerose, Krebsleiden usw. sind die Ursachen in den meisten Fällen nicht bekannt.

▶ Vom Standpunkt der Rohkosttherapeuten ist an 95 Prozent aller Krankheiten eine falsche Ernährungsweise schuld. Unter Ernährung wird hierbei Essen, Trinken und auch

Ernährungsweise und Gesundheitsschäden

ENTWICKLUNGSSTUFE	VOR JAHREN	ENTDECKUNG	KRANKHEITEN
Südaffen	4,0 Mio.		Keine
Homo habilis	2,0 Mio.		Keine
Homo erectus	1,6 Mio.		Keine
	400 000	Feuer	Zahnschäden
	300 000		Malaria
Homo sapiens arch.	250 000		Vgl. Homo erectus
Neandertaler	125 000		Gehirntumore
	50 000		Syphilis
Cromagnon	40 000		Vgl. Homo erectus bzw. Neandertaler
Moderner Mensch	10 000	Kochen, Ackerbau, Viehzucht	Karies, Lepra, Gicht, Tuberkulose, Krebsleiden, Herzkrankheiten

Inhalieren verstanden. Entscheidend ist, dass durch Kochen, Braten und Backen neuartige Moleküle entstehen, die von keinem der 5000 menschlichen Enzyme zerkleinert oder abgebaut werden können. Ähnlich geht es Molekülen, die nicht zum ursprünglichen Speiseplan des Menschen gehören wie Tiermilch, Getreide und davon abgeleitete Produkte wie Brot, Butter, Joghurt, Käse u. Ä. Diese nicht abbaubaren Moleküle überwinden zum Teil die Darmschranke und werden in Blut, Lymphe, Bindegewebe, Fettgewebe, Membranen, Knochen, Zähnen etc. abgelagert. Sie führen zu Funktionsstörungen und zur Degeneration wichtiger Organe. So »verkleben« beispielsweise die Moleküle von Getreideprodukten, Süßigkeiten etc. insbesondere alle Filtrierorgane im menschlichen Organismus.

Bakterien und Viren entgiften den Körper

Auch Autoimmunkrankheiten sind auf ein Überangebot denaturierter Moleküle zurückzuführen. Obwohl der Körper diese Toxine nicht wie natürliche Nahrungsbestandteile abbauen kann, gibt es doch Wege, sie auszuscheiden. Der häufigste Entgiftungsweg sind die so genannten Infektionskrankheiten. In Wirklichkeit sind sie nützliche Reinigungsprozesse, die nach erfolgreichem Abschluss zu einer deutlich verbesserten Gesamtkonstitution führen.

Die Rolle von Bakterien und Viren wird von der Rohkosttherapie demnach ganz anders gesehen als in der Schulmedizin. Viren

fügen der Zelle ein DNS- oder RNS-Fragment hinzu, das den vorhandenen genetischen Code der Zelle erweitert. Dadurch wird es dem Körper ermöglicht, die nicht ursprünglichen Stoffe auszuscheiden. Über Bakterien gelangt der Körper an neue Enzyme, die in der Lage sind, diese nicht ursprünglichen Stoffe abzubauen. Die Ausscheidung der giftigen Stoffe beobachtet man dann beispielsweise als Schnupfen, Auswurf, Durchfall, trüben Urin, starken Schweißfluss, Blutungen, eitrige Entzündungen, Hautausschlag oder Mundgeruch. Die Entgiftung dauert natürlich umso länger, je größer die Ansammlung an Giftstoffen ist, die der Körper abbauen muss.

Übersäuerung und Darmablagerungen

Die falsche Ernährung führt neben diesen Vergiftungserscheinungen zu einer ständigen Übersäuerung des Körpers. Während rohe Früchte und Gemüse basisch verstoffwechselt werden, erzeugen tierisches Eiweiß, Zucker, Getreideprodukte, Teigwaren, Nüsse, Kerne, Kaffee, Tee, Kakao, Alkohol, Nikotin etc. nach der Verarbeitung im Körper Säuren.

Der menschliche Organismus ist aber basisch ausgerichtet. Insbesondere das Blut benötigt für den Transport der verschiedensten

Eine ganze Reihe von Krankheiten sind für viele Menschen heute schon fast normal geworden: z. B. Neurodermitis, Allergien oder Kopfschmerzen. Tatsächlich ist ein gestörter Säure-Basen-Haushalt für die Beschwerden verantwortlich, der sich durch die richtige Ernährung wieder ins Gleichgewicht bringen lässt.

Substanzen einen pH-Wert von 7,4 (pH-Werte unter 7 sind sauer, Werte über 7 sind basisch). Die durch die denaturierte Nahrung dem Körper zugeführten und entstehenden Säuren werden vom Organismus vornehmlich im Bindegewebe gespeichert oder durch Auflösung seiner Basenreserven in neutrale Salze umgewandelt, die als Schlacken ebenfalls gespeichert oder ausgeschieden werden. Die gespeicherten Säuren und Schlacken führen auf lange Sicht wie die denaturierten Moleküle zu einer ganzen Reihe von Krankheiten und Degenerationserscheinungen im menschlichen Körper.

Säuren richten Schaden an

Darüber hinaus wird neben den durch eine falsche Ernährungsweise im Körper produzierten Säuren durch starke körperliche Beanspruchungen in den Muskeln Milchsäure gebildet, die schnellstens neutralisiert werden muss, damit der pH-Wert des Bluts nicht absinkt. Wenn keine ausreichenden Basenstoffe durch die Nahrung zur Verfügung stehen, löst der Körper auch hier seine Reserven auf. Das sind bei Männern insbesondere die Mineraliendepots unter der Kopfhaut, wodurch Haarausfall und Glatzenbildung gefördert werden. Kahle Köpfe, wie man sie häufig bei älteren Radrennfahrern, Marathonläufern und anderen Profisportlern sehen kann, sind aus diesem Grund ganz bestimmt kein Zufall. Auch dagegen ist Rohkost mit ausreichenden Mineralien die beste Vorsorge.

Frauen leiden häufig unter der so genannten Orangenhaut (Zellulite), die durch Zwischenlagerung von ernährungsbedingten Säuren beispielsweise im Bindegewebe der Oberschenkel entsteht. Bei der nächsten Monatsblutung wird ein Teil der Säuren mit anderen giftigen Ablagerungen ausgeschie-

Den pH-Wert selbst kontrollieren

Den Zustand des eigenen Säure-Basen-Haushalts kann man bestimmen, indem man mit Teststreifen aus der Apotheke den pH-Wert des Mittelstrahls des Morgenurins ermittelt. Als normal bei konventioneller Ernährungsweise gilt 6 bis 6,5. Ein Rohköstler dagegen hat erheblich höhere Werte von 7,5 bis über 8. Wenn er z. B. über längere Zeit ausschließlich reife Früchte isst, steigt der pH-Wert des Morgenurins sogar auf über 8,5. Dann setzt häufig die so genannte Basenstarre ein, deren Symptome Abgespanntheit, Antriebslosigkeit, Gliederschmerzen usw. sind. Durch den Verzehr einiger Nüsse können diese zu hohen pH-Werte reduziert werden.

den. Durch diese monatliche Ausscheidung von Giften haben Frauen generell einen Vorteil gegenüber den Männern, der sicher auch zu ihrer höheren Lebenserwartung beiträgt. Allerdings verschwindet dieser Vorteil mit der Menopause. Interessant ist in diesem Zusammenhang, dass bei langjährigen Rohköstlerinnen, die keine giftigen Ablagerungen durch denaturierte Nahrung im Körper führen, nur geringe oder oft gar keine Monatsblutungen auftreten. Dennoch findet der Eisprung natürlich statt, und die Fruchtbarkeit ist vorhanden.

Ursache für Darmkrankheiten

Eine andere Folge der denaturierten Nahrung sind Ablagerungen, Verkrustungen und Kotsteine in den Furchen und Falten der Dickdarmwände. Dadurch wird die Nährstoffaufnahme behindert und die Peristaltik, d. h. der Transport des Darminhalts, verzögert, wodurch Gärungsprozesse im Darm in Gang gesetzt werden. Die hierbei entstehenden Giftstoffe schädigen die Darmflora, können Entzündungen hervorrufen und verursachen Verstopfungen. Sie sind langfristig gesehen die Ursache für die verschiedensten Krankheiten, insbesondere Darmgeschwüre, Darmpolypen und Darmkrebs.

Bei einer solchen Überforderung des Darms muss der Körper häufig auf andere Organe zurückgreifen, um die Giftstoffe auszuscheiden. Übel riechender Schweiß und Urin, schlechter Atem sowie Ausfluss über Nase, Augen und Genitalien sind hier die Folgen.

Ohne Krankheiten durch Rohkost

Nach der vorausgegangenen Darstellung ist es klar, wie man Krankheiten und vorzeitiges Altern vermeiden kann. Man muss sich nur natürlich ernähren, d. h. ausschließlich Rohkost zu sich nehmen. Sie kann vom Körper problemlos vollständig verarbeitet werden und gibt Lebensenergie. Insbesondere sind Gemüsefrüchte, wie z. B. Tomaten oder Gurken, sonstige Gemüse, Grünpflanzen, Avocados und Nüsse zu empfehlen.

Zum Thema »Getränke« gibt es zu sagen, dass der 100-prozentige Rohköstler im Normalfall gar nichts trinkt, da er mit Gemüsefrüchten und Grünblattpflanzen ausreichend Flüssigkeit aufnimmt. Aber natürlich bleibt es jedem selbst überlassen, nach dem Sport oder auch jederzeit sonst, wenn er Durst verspürt, natürliches Mineralwasser zu trinken.

Gekochtes macht krank, mit Rohkost bleibt man gesund

Nachteilig bei der Kochkost ist also weniger, dass die Vitamine und Enzyme durch die Erhitzung zerstört werden. Dies könnte ja durch frisches Obst und Rohkostsalate ausgeglichen werden und man bräuchte nicht auf seine Pizza, den Braten oder die Suppen verzichten. Nein, der entscheidende Nachteil der Kochkost ist, dass durch die hohen Temperaturen bei der Zubereitung Giftstoffe wie Maillard-Moleküle entstehen, die der Körper nicht verarbeiten kann. Sie werden abgela-

gert und stören wichtige Stoffwechselvorgänge im Körper. Wenn diese Gifte nicht durch Infektionskrankheiten, regelmäßige Fastenzeiten oder eine Ernährungsweise mit Rohkost ausgeschieden werden, können sie zu Degenerationskrankheiten wie Herzinfarkt oder Darmkrebs führen.

Den Körper entgiften

Die Gesundung bei der Umstellung auf Rohkost erfolgt, weil der Körper die aufgrund des Überangebots an Toxinen entstandene Tolerierung und Ablagerung der Kochgifte aufgibt und alle Möglichkeiten der natür-

lichen Entgiftung wahrnimmt. Insbesondere frische Gemüse und Grünblattpflanzen enthalten hochaktive Enzyme, die wie Bakterien denaturierte Nahrung abbauen und schädliche Bestandteile zur Ausscheidung bringen. Durch die pflanzlichen Faserstoffe wird mit der Ausscheidung auch der Darm gründlich gereinigt. Die basische Wirkung von Rohkost bewirkt außerdem eine Neutralisation der Säuren im Körper und ebenfalls deren Ausscheidung.

Giftstoffe ausscheiden

In den ersten sechs Monaten der Ernährungsumstellung ist es zu empfehlen, reichlich natürliches Mineralwasser zu trinken. Häufiges Wasserlassen, Durchfall, starkes Schwitzen und Mund-Nasen-Schleim sind ein Indikator für den begonnenen Entgiftungsvorgang im Körper.

Wenn größere Umstellungsprobleme auftreten, sollte man die Mahlzeiten deutlich verkleinern oder sogar ein bis zwei Tage lang fasten. Nach etwa zwei bis drei Wochen treten erfahrungsgemäß kaum noch Entgiftungsprobleme auf. Nach etwa fünf bis sechs

MITTE: *Eine der schmackhaftesten Früchte für Rohköstler – die exotische Durian.*
LINKS: *Um Obst und Gemüse natürlich zu lagern braucht man keinen Kühlschrank.*

Wochen, während der Körper ausschließlich mit Rohkost versorgt wird, gibt es dann auch keine Infektionskrankheiten mehr, und bei degenerativen Erkrankungen sind deutliche Genesungsfortschritte zu erkennen.

Warum fällt die Abkehr von der Kochkost so schwer?

Viele Menschen sind sich durch das Studium einschlägiger Fachliteratur, den Besuch von Seminaren oder aus eigener Erfahrung voll bewusst, dass eine Umstellung auf Rohkost für ihre Gesundheit und ihr ganzes Wohlergehen das Beste wäre. Trotzdem schaffen sie es nicht, ihre Ernährungsweise dauerhaft zu verändern. Die folgenden Aspekte werden hierbei häufig als Gründe angegeben:

▶ Der angeblich bessere Geschmack der Kochkost
▶ Eine Unverträglichkeit von Rohkost
▶ Zu hohe Kosten für die ganze Familie
▶ Der Partner will nicht mitmachen
▶ Die Gefahr des Verlustes von sozialen Kontakten

Ich lasse nur den letzten Punkt gelten, wofür ich weiter unten ein besonderes Vorgehen empfehle. Natürlich wäre eine Umstellung auf Rohkost wesentlich einfacher, wenn alle Freunde mitmachten und wenn es überall Rohkostrestaurants gäbe. In der Fachliteratur ist hier auch oft von der Bindung an die Küche der Mutter die Rede, von der wir uns nicht lösen wollen, um der Mutter nicht wehzutun oder ihrem Vermächtnis treu zu bleiben.

Kochkost als Gewohnheit

Ich bin der Meinung, dass es ganz einfach die Macht der Gewohnheiten ist, die uns nicht aus ihrem Bann lässt. Einmal natürlich unsere eigene Gewohnheit, dann aber auch die aller lebenden Mitmenschen und aller Vorfahren, die gekocht gegessen haben. Hier kommen die von Rupert Sheldrake beschriebenen morphogenetischen Felder ins Spiel (siehe Seite 92). Sie sind sozusagen das Gedächtnis der Natur, das durch Wiederholung immer weiter ausgeprägt wird. Gewohnheiten bestimmen alle Formen und alle Verhaltensmuster. Diese morphogenetischen Felder sind wie Magnetfelder nicht materielle Kraftzonen, die im Raum verbreitet sind und in der Zeit andauern. Je stärker die Gewohnheit, also je mehr Individuen über einen längeren Zeitraum hinweg Formen oder Verhaltensweisen geprägt haben, umso stärker ist auch der Zwang zu ihrer Realisierung.

Wenn man Freunde für eine Ernährungsumstellung auf Rohkost gewinnen kann, Vorträge und Seminare hält, Aufsätze und Bücher schreibt und allgemein die natürliche Lebensweise weiter verbreitet, kann man sicherlich das morphogenetische Feld »Rohkost« deutlich verstärken.

Das Muster durchbrechen

Tiere, Pflanzen, Kristalle usw. können sich diesen Mustern kaum entziehen, der Mensch hat jedoch aufgrund seines freien Willens die Möglichkeit, sich abweichend zu verhalten. Allerdings gehört dazu ein hohes Maß an Selbstdisziplin und große Ausdauer. Hier im Rahmen der

Ernährung mit Rohkost heißt das, dass wir zuerst in Resonanz mit unseren eigenen Essgewohnheiten der Vergangenheit stehen. Dazu kommt die große Menge unserer parallel und vorher lebenden Mitmenschen, die etwa ab der jüngeren Steinzeit überwiegend gekocht gegessen haben. Das sind sicherlich Milliarden von Menschen mit gekochtem Essen, denen nur wenige Millionen Urmenschen gegenüberstehen, die sich von Rohkost ernährt haben. Trotzdem liegt es in unserem eigenen Ermessen, sich davon zu lösen und sich wieder dem morphogenetischen Feld der Rohkost zuzuwenden. Wobei eigene Gewohnheiten sehr rasch stabilisiert werden sollten, so dass uns dann wieder Abweichungen in Richtung Kochkunst schwer fallen.

> *»Lieber geht der Mensch zugrunde, als dass er seine Gewohnheiten ändert.«*
> *Dieses Zitat von Leo Tolstoi ist symptomatisch für unsere Gesellschaft. Denken Sie um! Ihre Gesundheit wird es Ihnen danken!*

Eine gute Gesundheit

Die folgenden Verbesserungen an meiner Gesundheit durch Rohkost konnte ich an mir selbst erleben:

▶ Allgemeines Wohlbefinden, gute Laune, Tatendrang und Gelassenheit

▶ Keine Verdauungsbeschwerden und Übelkeit, kein Sodbrennen und Aufstoßen

▶ Kein Schwitzen, keine Mitesser und fettigen Haare

▶ Minimale Körpergerüche bezüglich Atem, Urin, Stuhl usw.

▶ Leichter Stuhlgang

▶ Tiefer Schlaf, leichtes Erwachen

▶ Verschwinden von Haarausfall

▶ Fettabbau, schlanke Figur

▶ Hohes Maß an Fitness und große Ausdauer, sowohl bei körperlichen als auch bei geistigen Anstrengungen

▶ Keine Nervosität, Ängste und Schüchternheit, kein Lampenfieber, wenig Stress

▶ Erfüllte Sexualität

▶ Verringerung von Blutungen, Hämorrhoidalleiden und Krampfadern

▶ Starke Verringerung von Entzündungsvorgängen, keine Kopf- und Halsschmerzen, kein Sonnenbrand

▶ Keine Infektionskrankheiten mehr durch Bakterien, Viren, Pilze oder andere Krankheitskeime

▶ Keine feuchten Hände, keine Schweißfüße

▶ Verbesserung der intellektuellen Klarheit bezüglich Konzentration und Gedächtnis, verstärkte Intuition

Unmittelbar bei Klienten beobachtet habe ich Heilung durch Rohkost von Neurodermitis, Diabetes mellitus, rheumatischen Erkrankungen, Migräne und Schilddrüsenerkrankung. Auch ergab sich häufig eine Verlangsamung des Alterungsprozesses.

Ernährungsumstellung

Wenn Sie also Ihre Ernährung aufgrund der unbestreitbar großen Vorteile auf Rohkost umstellen wollen, gibt es zwei Wege. Der sicherste Weg ist der kürzeste, nämlich von einem Tag auf den anderen:

Sie besorgen sich eine ausreichende Menge an ursprünglichen Lebensmitteln, die möglichst aus rein biologischem Anbau stammen sollten. Das wären also beispielsweise verschiedene Sorten frisches Gemüse, Grünblattsalate, Avocados und Nüsse. Bei der Auswahl achten Sie auf Ihre Intuition oder, wenn möglich, auf den guten Geruch und Geschmack.

Sie entfernen alle verarbeiteten Lebensmittel wie Brot, Butter, Käse, Milch, Fleisch, Wurst, Süßigkeiten, Bier, Säfte etc. aus der Wohnung.

Sie sagen Ihren Freunden und Bekannten, dass Sie in den nächsten Wochen ein Experiment mit Rohkost durchführen wollen. Achten Sie hierbei darauf, dass Sie bei ihnen kein Schuldgefühl hervorrufen wegen ihrer eigenen Ernährungsweise.

Sie essen alles einzeln, so dass Geruch und Geschmack eines jeden Produkts isoliert wahrgenommen werden können. Sie essen grundsätzlich nur, was gut riecht und gut schmeckt und solange es gut schmeckt.

Sie trinken nur, wenn Sie wirklich Durst haben, und Sie trinken ausschließlich natürliches Mineralwasser, am besten vor dem Es-

Mitte: Es ist gar nicht so schwer, die Ernährung auf Rohkost umzustellen. Auf den Willen kommt es an!

sen. Trinken Sie möglichst nicht während des Essens oder innerhalb einer Stunde nach den Mahlzeiten.

Sie essen stets nur, bis Sie ein erstes leichtes Sättigungsgefühl im Magen verspüren. Sie essen pro Mahlzeit möglichst nur wenige verschiedene Sorten.

Sie prüfen nach einigen Wochen, ob Sie diese Ernährungsweise auf Dauer beibehalten wollen oder ob sie eine Kur oder auch eine zeitlich begrenzte Therapie sein soll. Wer nur für eine begrenzte Zeit 100-prozentig Rohkost isst, sollte anschließend den Rohkostanteil seiner Ernährung möglichst hoch halten und immer wieder für einige Wochen auf reine Rohkost umstellen.

Etwas leichter zu vollziehen, aber mit mehr Gefahrenpotenzial für mögliche Rückfälle verbunden ist die Ernährungsumstellung mit einer Übergangskost: Beispielsweise morgens zum Frühstück Früchte, zum Mittag- und Abendessen Salat aus rohem Gemüse, Grünblattsalaten, Avocados, Nüssen und kaltgepresstem Olivenöl. Dazu können mittags oder abends Pellkartoffeln, gekochtes Gemüse o. Ä. gegessen werden. Damit ergibt sich die so genannte 80-prozentige Rohkost, die ich in manchen Fällen auch als Dauernahrung empfehle, wenn 100 Prozent Rohkost unerreichbar sind.

Wichtige Ernährungsregeln

Nach meiner Meinung sind für den heutigen Menschen in gemäßigten Klimazonen in erster Linie Gemüsefrüchte, übrige Gemüse, Grünblattsalate, Avocados und Nüsse die optimale Nahrung. Unter Gemüsefrüchten verstehe ich Tomaten, Gurken, Paprika, Kürbisse, Zucchini und Auberginen. Von den Grünblattsalaten sind Feldsalat, Kopfsalat und Batavia für mich am bekömmlichsten. Manche Salate wie Spinat und Mangold enthalten trotz Kultivierung noch Oxalsäure und Alkaloide, so dass sie gelegentlich Unverträglichkeitsreaktionen hervorrufen können.

Pilze sind insgesamt nach meinen Erfahrungen nicht erste Wahl für Rohköstler. Allerdings sollte man im Normalfall ohne vorgefasste Meinung die Produkte kosten, und wenn sie gut schmecken, kann man sie unbesorgt essen.

Wilde Pilze wie Steinpilze, Pfifferlinge usw. sind ebenfalls schwer verdaulich, während die kultivierten Sorten wie Champignons und Egerlinge besser bekömmlich sind.

Die richtige Zusammenstellung

Wenn man die von mir vorgeschlagenen Produkte verzehrt, gibt es übrigens keinerlei Kombinationsprobleme, da sie in Kombination bestens vertragen werden. Allerdings sollte man zu jeder Mahlzeit maximal zwei bis drei Nüsse essen, da sie schwerer als Gemüse verdaubar sind und aufgrund ihrer Trocknung der Ernährungsinstinkt nicht so gut anspricht. Ich selbst esse inzwischen fast keine Nüsse mehr. Generell sollte man möglichst nur frische Rohkost essen. Wer auf Obst nicht verzichten möchte, sollte es nur morgens essen. Die übrigen Mahlzeiten sollten vorwiegend aus Gemüse bestehen.

Bei allen süßen Nahrungsmitteln wie Obst, exotischen Früchten und Trockenobst kann man sich nicht sicher auf seinen Nahrungsinstinkt verlassen, da anscheinend die Unausgewogenheit von Zucker und Mineralien erst durch den Modernen Menschen eingeführt wurde.

Empfehlenswerte Speisepläne

Wie viele Mahlzeiten man am Tag zu sich nimmt und zu welchen Tageszeiten, sollte jeder am besten selbst ausprobieren. Jeder Organismus verstoffwechselt die ihm zugeführten Nahrungsmittel anders, weswegen jeder Mensch dazu aufgefordert ist, entsprechend seinen individuellen Bedürfnissen seinen eigenen idealen Essrhythmus zu finden. Folgende Beispiele können als Anhaltspunkte dienen.

Zwei Mahlzeiten

Am natürlichsten sind wahrscheinlich zwei Mahlzeiten am Tag, wobei das Frühstück entfällt. Auch die Menschenaffen haben zwei Aktivitätshöhepunkte bei Nahrungsbeschaffung und Verzehr, einmal am späten Vormittag und zum anderen am späten Nachmittag. Vorteilhaft ist bei dieser Version auch, dass der Körper, bevor ihm neue Nahrung zugeführt wird, noch den ganzen Vormittag Zeit hat zur Verdauung und Assimilation der Nahrung vom Vortag, so dass bei der ersten Mahlzeit der Verdauungsapparat weitgehend geleert ist. Damit ergibt sich Speiseplan I wie folgt:

▶ 12:00 Uhr Mittagessen
▶ 18:00 Uhr Abendessen

Drei Mahlzeiten

Ebenfalls noch sehr natürlich und verdauungsfreundlich ist Speiseplan II mit drei Mahlzeiten einschließlich Frühstück. Er ist am leichtesten in den Alltag und das Berufsleben zu integrieren, und die Abstände zwischen den einzelnen Mahlzeiten betragen ausreichende fünf Stunden:

▶ 8:00 Uhr Frühstück
▶ 13:00 Uhr Mittagessen
▶ 18:00 Uhr Abendessen

Vier Mahlzeiten

Speiseplan III beinhaltet vier Mahlzeiten am Tag, wobei die Abstände zwischen den Anfängen der einzelnen Mahlzeiten etwas reduziert wurden und das Nachtmahl bereits sehr spät ist:

▶ 8:00 Uhr Frühstück
▶ 12:30 Uhr Mittagessen
▶ 17:30 Uhr Abendessen
▶ 22:00 Uhr Nachtmahl

Vorteil des späten Essens bei Speiseplan III ist, dass man sehr gut zunimmt, was für viele Rohköstler sehr wichtig ist. Allerdings schläft man mit vollem Magen unter Um-

ständen etwas schlechter. Mein Favorit ist Speiseplan II. Nur am Sonntag esse ich gelegentlich nach Speiseplan I, insbesondere wenn ich länger schlafe.

Intensiv kauen

An mir selbst und den Klienten meiner Ernährungsberatung erlebe ich immer wieder die erstaunlichen Erfolge der Ernährung mit Rohkost. Chronische Leiden verschwinden, von der Schulmedizin als unheilbar eingestufte Patienten erholen sich, und Infektionskrankheiten treten nicht mehr auf. Das allgemeine Wohlbefinden verbessert sich drastisch, man ist gelassen, heiter und lebensfroh.

Das Gewicht bei Rohköstlern ist meist an der unteren Grenze des heutigen Standards. Das ist grundsätzlich nicht problematisch oder bedenklich, solange dem Körper über die Nahrung alle notwendigen Biostoffe zugeführt werden.

Kleine Einschränkungen

Allerdings sind einige Dinge manchmal doch noch nicht ganz optimal. Gelegentlich gibt es Verdauungsstörungen, zeitweise läuft die Nase, und bisweilen treten kleine Verspannungen in Händen und Füßen auf. Nachts muss man auch öfter aufstehen zum Wasserlassen. Und grundsätzlich wird man etwas empfindlicher gegenüber Kältereizen als die schwergewichtigeren Gekochtesser.

Ich führe alle diese Symptome im Wesentlichen auf zu viel Obst und insbesondere auf eine Überlastung der Verdauungsorgane zurück. Die meisten Rohköstler essen zu viel. Dadurch wird die Verdauung gestört,

Nahrungsbestandteile werden nicht abgebaut, und es kommt zu Ablagerungen ähnlich wie bei erhitzter Nahrung. Wenn sie ein bestimmtes Maß überschreiten, kommt es durch diese Ablagerungen zu Gesundheitsstörungen, die allerdings bei weitem nicht so kritisch sind wie die Ablagerungen bei gekochter Nahrung. Mein Ziel ist es daher schon seit langem, einen Weg zu finden, diese Überlastungen sicher zu vermeiden.

Beim gründlichen Kauen kann es auch vorkommen, dass sich der Geschmack der gewählten Obst- oder Gemüsesorte verschlechtert und man den Bissen ausspucken muss. Das ist ein sicheres Zeichen, diese Sorte nicht mehr weiter zu essen.

Ein wesentlicher Grund für das häufige Zuviel-Essen scheint mir das Zuschnell-Essen zu sein. Zwar muss Rohkost naturgemäß gründlicher gekaut werden als das gekochte Essen, aber oft neigt man auch bei Obst, Gemüse und Nüssen zum »Runterschlingen«. Da die Reaktion des Magens auf Sättigung erst stark verzögert im Gehirn ankommt, hat man bis zum Völlegefühl meist schon zu viel gegessen. Auch kommt bei dem schnellen Durchsatz die Mundverdauung fast immer zu kurz.

Im richtigen Kauen liegt das Geheimnis

Allerdings wurde mir auch bald klar, dass viele Essenspausen und bewusstes, langsames Essen keine sichere Lösung darstellen. Sie bieten keinen Anreiz und erhöhen nicht den Essgenuss, sondern vermindern ihn.

Dann aber stimmte mich die allgemeine Redensart »Gut gekaut ist halb verdaut« nachdenklich. Wenn schon bei denaturierter Nahrung durch ausgiebiges Kauen Gesundheitserfolge auftreten, müssen bei Rohkost und intensivem Kauen eigentlich alle Probleme verschwinden. Ich begann also damit, das Kauen zu intensivieren.

Insgesamt kam ich zu sehr guten Ergebnissen, wobei mir nachstehend beschriebene Essmethode als optimal erscheint: Alle Früchte, Gemüse, Grünblattsalate, Avocados und Nüsse werden frisch, roh und einzeln gegessen. Die Nahrung wird erst geschluckt, wenn sie zu einem fast flüssigen Nahrungsbrei zerkaut ist. Ich fülle also meinen Mund nur mit einer Sorte Lebensmittel, z. B. einem Bissen von einer Karotte. Dann folgt ausgiebiges Kauen mit 40 bis 50 Kaubewegungen. Dabei muss ich stets darauf achten, nicht zu schlucken. Durch jede Kaubewegung werden die Speicheldrüsen animiert, Speichel zur Mundverdauung abzusondern. Dieser Speichel vermengt sich mit der Speise, gleichzeitig verbessert sich der Geschmack und steigert sich der Genuss beim Essen.

Essen als Meditationsübung

Somit wird das Essen auch zu einer Entdeckungsreise. Ist der Bissen runtergeschluckt, sollte man eine kurze Pause machen. Um das Essen noch besser auszukosten, ist es sinnvoll, daraus eine Art Meditation zu machen, keine Gespräche beim Essen, kein Radio, kein Fernsehen und keine Zeitung. Am besten setzt man sich entspannt und zurück-gelehnt auf seinen Stuhl am Esstisch und zählt die Kaubewegungen. Dadurch können sich auch kaum ablenkende Gedanken breit machen, ähnlich wie wenn man beim Meditieren die Atemzüge zählt. Es wird bald normal, jeden Bissen etwa 40- bis 50-mal zu kauen, was etwa eine halbe Minute Zeitaufwand pro Bissen bedeutet. Bei einer reinen Essenszeit von 30 Minuten ergeben sich etwa 60 Bissen und etwa 3000 Kaubewegungen pro Mahlzeit, was gleichzeitig ein gutes Training für die Wangenmuskulatur ist.

Nach einiger Zeit merkte ich, dass ich deutlich weniger aß, im Durchschnitt ging die Nahrungsmenge auf etwa 70 Prozent zurück. Dabei verlängerte sich trotzdem die Dauer der Mahlzeiten. Ein Mittag- oder Abendessen dauert jetzt 40 bis 50 Minuten statt früher etwa 30 Minuten. Aber dieser »Zeitverlust« wird mehr als aufgewogen durch den Gewinn an Entspannung, dem Gefühl der Befriedigung und fehlender Überlastung. Vor allem der erreichte Essgenuss ist enorm und spornt an, jedes Mal wieder das »Intensivkauen« anzuwenden.

Energie sparen durch intensives Kauen

Aber noch andere Vorteile durch das Intensivkauen machten sich zunehmend bemerkbar. Zuerst stellte ich fest, dass ich nachts nur noch einmal zum Wasserlassen aufstehen musste. Dann wurde auch der Stuhlgang seltener und mengenmäßig betrachtet weniger. Alle Ausscheidungen reduzierten sich also

beträchtlich. Auch brauche ich weniger Schlaf und bin trotzdem frisch und munter. Durch die stärkere Mundverdauung aufgrund des Intensivkauens wird die Verdauung in Magen und Darm entscheidend reduziert und insgesamt der Energieaufwand für die Verdauung deutlich kleiner.

Auch gibt es kaum noch Probleme mit Nahrungsmittelkombinationen. So kann ich jetzt einmal süßes und saures Obst zusammen essen, und zum anderen Avocados, Nüsse und verschiedene stärkehaltige Gemüse in einer Mahlzeit verzehren, was sonst manchmal zu Komplikationen führte. Anscheinend werden durch die starke Zerkleinerung, Einspeichelung und Vorverdauung der Speisen ungünstige Reaktionen verschiedener Sorten miteinander vermieden. Selbst

Unten: *Nüsse sind ein wichtiger, schmackhafter Eiweißlieferant auf dem Speisezettel, sollten jedoch in Maßen verzehrt werden.*

die Trennung von Obst auf der einen Seite und Gemüse und Nüssen auf der anderen Seite in verschiedene Mahlzeiten erscheint nicht mehr unbedingt zwingend, dennoch bleibe ich meist sicherheitshalber dabei. Entscheidende Voraussetzung ist jedoch, dass alle Sorten auch nach längerem Intensivkauen angenehm schmecken.

Die Rolle des Nahrungsinstinkts erhält eine deutliche Aufwertung. Insbesondere die Überlastung der Verdauungsorgane geht zurück, trotzdem bin ich durch das ausgedehnte Essen befriedigt. Insgesamt fühle ich mich durch das Intensivkauen noch gesünder und von einer besonderen Leichtigkeit. Wichtig ist auch der größere Essgenuss. Dadurch fällt mir das Intensivkauen überhaupt nicht schwer, und das Essen ist trotz der zeitlichen Verlängerung attraktiver als vorher.

Eine natürliche Folge des Intensivkauens ist die Rückbesinnung auf einheimische Früchte und Gemüsesorten. Sie sind von Natur aus härter und bieten somit einen größeren Anreiz zum gründlichen Kauen.

Da mir das eigentliche Kauen immer mehr Spaß macht, bevorzuge ich auch zunehmend härtere Lebensmittel wie Äpfel, Kürbisse, Karotten, Kohlrabi u. Ä. Die meist weichen exotischen Früchte verschwinden mehr und mehr vom Speiseplan, was auch den Geldbeutel erfreut. Außerdem habe ich noch weniger Durst, so dass ich fast gar nichts mehr trinke. Selbst an sehr warmen Tagen erfrischt mich der Saft aus gründlich zerkauten Gemüsefrüchten und Speichel ausreichend.

Zusammenfassend kann man sagen, dass die Kombination von Rohkost und Intensivkauen ein wichtiger Schritt zu noch mehr Gesundheit und Essgenuss und damit größerer Lebensfreude ist. Ich bin sicher, dass damit auch die Rohkosttherapie einen Schub erhält und wir noch mehr Heilungen durch Rohkost erleben werden.

Fasten

Neben der Ernährung mit Rohkost gibt es noch eine andere wichtige, gesundheitsfördernde Maßnahme – das Fasten. Dabei wird nichts gegessen, sondern nur natürliches Mineralwasser getrunken. Auch hier nimmt der Körper seine natürlichen Aktivitäten wieder auf und beginnt, sich vorsichtig zu entgiften und zu heilen. Dazu gehört auch viel Ruhe und Entspannung. Wenn aus irgendwelchen Gründen auch bei Rohköstlern Krankheiten auftreten, ist eine ein- bis zweiwöchige Fastenzeit die beste Therapie.

Wichtig am Ende des Fastens ist das Fastenbrechen. Am besten ist es, ein bis zwei Tage nur wasserreiche Gemüsefrüchte zu essen und dann langsam auf Gemüse, Grünblattpflanzen und Avocados umzustellen. Fasten und Ruhe ist nach meiner Meinung die einzige mögliche Heilbehandlung, eventuell ergänzt mit Darmspülungen. Dadurch bekommt der Körper Gelegenheit, sich selbst zu heilen. Gifte werden ausgeschieden, Wunden schließen sich usw. Einige Wochen Fasten mit anschließender Rohkost kann die erstaunlichsten Heilerfolge bringen.

Darmspülungen

Ebenfalls sehr nützlich für unsere Gesundheit sind Darmspülungen. Sie reinigen den Darm von giftigen Ablagerungen, totem Gewebe, Schleim, Inkrustierungen, Kotsteinen usw. Sie beseitigen Verstopfungen, regen die Peristaltik an und führen verschlungene und durchhängende Därme wieder an ihren richtigen Platz. Die Darmreinigung kann entweder durch einen Einlauf in Eigenbehandlung mit Irrigator oder als so genannte Colon-Hydro-Therapie (CHT) durch einen Arzt oder Heilpraktiker erfolgen. Letztere ist allerdings deutlich teurer, da gesetzliche Kassen die CHT nicht bezahlen. Außerdem ist sie aggressiver, da ein höherer Druck und statt zwei Liter Wasser etwa 40 Liter Wasser eingesetzt werden. An Nebenwirkungen sind nach häufigeren CHT-Behandlungen sporadische Schmerzzustände und Störungen im Elektrolythaushalt bekannt geworden. Im Normalfall wird eine CHT jedoch gut vertragen. Trotzdem empfehle ich nach Möglichkeit die Eigenbehandlung, schon damit der Klient lernt, seine Gesundheit in die eigene Hand zu nehmen. In beiden Fällen wird zunächst leicht angewärmtes Wasser in den Dickdarm gedrückt. Danach wird durch eine leichte Bauchmassage die Lösung der Ablagerungen unterstützt, bevor der gelöste Darminhalt entweder auf der Toilette oder bei der CHT in einem geschlossenen Schlauchsystem abgeführt wird. Diese Spülungen sollte man je nach Bedarf vier- bis fünfmal die Woche über ein bis drei Wochen durchführen.

In manchen Fällen muss die ganze Kur nach einigen Monaten Pause wiederholt werden. Im Extremfall sind über zwei bis drei Jahre zwei Kuren pro Jahr notwendig. Letzteres gilt besonders bei sehr stark verkrusteten Ablagerungen oder chronischen Verdauungsstörungen.

In der Regel ist es sinnvoll, während der Spülungen zu fasten und sich viel Ruhe zu gönnen. Übrigens kann man Einläufe mit Irrigator vorteilhaft auch auf Reisen oder im Urlaub durchführen. Nach Möglichkeit sollte nach der Darmspülung auf Rohkost umgestellt werden, denn ansonsten bilden sich innerhalb von einigen Monaten wieder die gleichen giftigen Ablagerungen und Verstopfungen.

Die richtige Wahl der Lebensmittel

Nachdem wir nun wissen, dass Rohkost die natürlichste und bekömmlichste Nahrung für uns ist, stellt sich die Frage nach den geeigneten Sorten. Aus langjähriger eigener Erfahrung und anhand der Erfahrung mit meinen Klienten bin ich der Meinung, dass für Menschen, die in Ländern mit gemäßigtem Klima leben, Gemüsefrüchte, übrige Gemüse, Grünblattpflanzen und Avocados die optimale Ernährung sind. An erster Stelle stehen Früchte von Bäumen und Sträuchern, die Kerne und Samen in sich tragen. Sie dienen der Pflanze zur Verbreitung ihrer Art. Mit dem Fruchtfleisch in leuchtenden Farben verlocken sie den Menschen und viele Tiere zum Verzehr.

Gemüsefrüchte

Die den Nahrungs-mitteln anhaftenden Spuren von Erde oder auch Kleinstlebe-wesen schaden uns nicht, sondern brin-gen unserem Organismus zusätz-lichen Nutzen.

Bei Früchten denkt man natürlich in erster Linie an Obst, also süße Früchte einschließlich exotischer Sorten. Leider enthalten sie durch Züchtung und Auslese jedoch zu viel Zucker im Verhältnis zu Mineralien, Vitaminen und Spurenelementen. Nur wirklich wild wachsendes Obst hat noch die ursprüngliche Zusammensetzung und wäre für uns zum Verzehr geeignet. Aber erstens ist es nicht zugänglich für uns, und zweitens würde es uns kaum gut schmecken.

Zum Glück haben unsere Vorfahren aus dem Angebot der Natur für uns die so genannten Gemüsefrüchte gezüchtet, die nach meiner Meinung sehr gut schmecken, aber auch alle zur Assimilation notwendigen Stoffe enthalten. Dabei möchte ich besonders empfehlen: Tomaten, Gurken, Paprika und Kürbisse. Als Fett- und Eiweißlieferant dienen Avocados und gelegentlich Nüsse, die biologisch auch zu den Gemüsefrüchten zäh-

len. Avocados wirken basisch, Nüsse dagegen sauer, so dass man beim Verzehr von Nüssen zurückhaltend sein sollte. Möglichst frisch auf den Tisch, ungewaschen und außer Avocados und Nüssen ungeschält sind Gemüsefrüchte bestens für unsere Ernährung geeignet. Allerdings sollte man nicht zu viele Sorten pro Mahlzeit essen.

Übrige Gemüse

Neben Gemüsefrüchten sind aber auch viele andere Gemüsesorten sehr gut bekömmlich. Ich esse besonders gern Kohlrabi, Karotten und Süßkartoffeln. Da diese Sorten viel Stärke enthalten, die vornehmlich im Mund verdaut wird, muss man sie besonders intensiv kauen. Gelegentlich esse ich auch Champignons, Fenchel, Rotkohl, Weißkohl und Blumenkohl. Sie sind nach meinen Erfahrungen häufig nicht so gut verdaulich, können aber unbesorgt gegessen werden, wenn sie gut schmecken. Erbsen und Mais dienen nur gelegentlich zur Erweiterung der Nahrungspalette und auch nur, wenn sie sehr süß schmecken und frisch vom Feld kommen.

Grünblattsalate

Ganz besonders wichtig sind Grünblattsalate. Sie enthalten viel pflanzliches Eiweiß, Vitamine und Mineralien. Die Zellulosestrukturen können durch Intensivkauen zugänglich gemacht werden. Als Ballaststoff fördert Zellulose die Verdauung und Darmreinigung. Normalerweise sollten Grünblattsalate ohne Waschen und Putzen verzehrt werden. Nur

wenn der Sand stark zwischen den Zähnen knirscht, ist ein kurzes Waschen und Ausschütteln in einem Seiher oder Haushaltssieb angebracht. Ich bevorzuge Grünblattsalate wie Feldsalat, Ruccola, Spinat usw. Aber auch Kopfsalat, Batavia oder Eissalat kommen infrage. Wichtig ist nur, dass sie gut schmecken. Manche Salate enthalten nämlich trotz Kultivierung noch giftige Alkaloide und Bitterstoffe, so dass man nur wenige Blätter essen und diese nicht mischen, würzen oder mit Dressing versehen verzehren sollte. Wenn man aber alle Sorten einzeln verzehrt, sagen einem Zunge, Gaumen und Nase, wenn eine Sorte nicht mehr gut schmeckt. Dann am besten den Bissen ausspucken und was anderes essen. Übrigens ist es wichtig, dass die Grünblattsalate wirklich grün sind, denn wahrscheinlich spielt das Chlorophyll eine wichtige Rolle bei unserer Nahrungsassimilation.

Wildkräuter

Wildkräuter sind umstritten. In Deutschland werden sie seit Jahrhunderten als Heilkräuter verwendet und in den letzten 20 Jahren zunehmend auch als Wildgemüse im Salat und einzeln gegessen. Insbesondere von Franz Konz wird hervorgehoben, dass sie gut schmecken, sehr gesund sind, kostenlos in der freien Natur gesammelt werden können und viel mehr Mineralien, Vitamine und Spurenelemente als Kulturpflanzen besitzen. Anders in den USA, wo die Wildkräuter als Medizin weitgehend abgelehnt und als Nahrung erst in jüngster Zeit empfohlen werden.

Auch meine Meinung hat einen Wandel durchgemacht. Zuerst habe ich Wildkräuter unter Bezug auf den Ernährungsinstinkt einzeln gegessen und viele Sorten wegen ihres strengen Geruchs und bitteren Geschmacks abgelehnt. Dann wurde mir von Wildkräuterexperten empfohlen, sie zuerst mit Gemüse oder Obst zu mischen. Nach einer Gewöhnungszeit würden sie mir auch einzeln gut schmecken.

Franz Konz (geb. 1926) ist in der Öffentlichkeit ursprünglich als Steuerexperte bekannt geworden. Aufgrund einer Magenkrebserkrankung fand er den Weg zur Ernährung mit Rohkost und gilt heute als einer der wichtigsten Verfechter der natürlichen Ernährung. Sein Buch »Der große Gesundheits-Konz« gilt als Standardwerk in der Rohkostszene.

Durch die Mischung wurden fast alle tatsächlich akzeptabel, und ich empfand sogar häufig eine anregende Wirkung. Als ich jedoch nach einigen Monaten meine Nahrungsmittel wieder voneinander getrennt gegessen habe, schmeckten mir einige Wildkräuter gut, einige immer noch bitter. Das bedeutet, dass letztere für den Körper eigentlich nicht gut sein können.

Zur Klärung dieses Umstands habe ich ein etwas extremes Experiment durchgeführt: Ich habe zu einer Mahlzeit ausschließlich Brennnesseln gegessen. Von Genuss konnte dabei allerdings überhaupt nicht die Rede sein, denn die Brennnesseln schmeckten relativ herb und sogar leicht bitter. Hinterher ging es mir dann ausgesprochen schlecht. Der Körper hat die Brennnesseln anscheinend tatsächlich als starkes Gift empfunden und mit Übelkeit, Leibschmerzen und starkem Harn- und Stuhldrang reagiert, so dass sie den Körper bereits nach zwei Stunden wieder verlassen hatten.

Wichtige Inhaltsstoffe

Auch von anderen Wildkräutern kann ich oft einzeln keine größeren Mengen essen. Daher haben unsere Vorfahren sicher gut daran getan, durch Auslese und Kreuzung grüne Kulturpflanzen wie Feldsalat, Kopfsalat usw. zu züchten, die in den meisten Fällen gut schmecken und bekommen. Sie haben kaum noch Oxalsäure und Alkaloide, die der Mensch oft nicht gut verarbeiten kann. Nachteilig ist aber bei den Kulturpflanzen, dass sie erheblich weniger Mineralien, Vitamine und auch Lebenskraft als Wildkräuter besitzen. Daher sollte man nach meiner Meinung unbesorgt Wildkräuter essen, wenn sie einem gut schmecken. Denn dann verfügt

Heilkraft der Wildkräuter?

Als Heilkräuter muss ich Wildkräuter ablehnen, denn für mich und andere Rohkosttherapeuten gibt es überhaupt keine Heilmittel, sei es aus der Allopathie, Homöopathie oder Spagyrik. Alle Mittel behandeln nur die Symptome und nicht die Ursachen der Krankheiten. Dabei verschwinden die Symptome durch Medikamente, weil der Körper seinen Entgiftungsversuch durch eine Infektionskrankheit abbricht, um sich der neuen Vergiftung durch das Medikament zuzuwenden. Der Körper kann sich nur allein gesund machen, wenn man ihm durch Fasten und Ruhe eine Chance gibt. Auch Rohkost ist keine Medizin, sondern artgerechte Nahrung, die dem Körper die Möglichkeit gibt, sich zu entgiften und geschädigte Organe zu reparieren.

man auch über die entsprechenden Enzyme und Neutralisierungsstoffe zur Verdauung. Wichtig ist aber, sie stets einzeln zu essen und nur wenn bzw. solange sie einem gut schmecken.

Wildkräuter sind grundsätzlich eine sehr gute Ergänzung zu Grünblattsalaten. Allerdings sind sie in der Großstadt nur schwer zu beschaffen. Im Folgenden werde ich Grünblattsalate und Wildkräuter unter dem Begriff »Grünblattpflanzen« zusammenfassen.

Obst

Wenn man auf Rohkost übergeht, wird man zuerst vom süßen Obst angezogen. Man hat es schon immer roh gegessen, es löscht den Durst und schmeckt einfach köstlich. Außerdem ist der Mensch seiner Veranlagung nach vornehmlich ein Früchteesser. Dabei muss man allerdings beachten, dass der Mensch die längste Zeit in seiner Entwicklung in heißen Ländern wie Afrika gelebt hat und dass die damaligen Früchte einen bei weitem nicht so hohen Zuckeranteil hatten wie unser heutiges hochgezüchtetes Kulturobst. Außerdem besaßen sie viel mehr Mineralien als unser Obst, das überwiegend aus Gärten mit ausgelaugten Böden stammt. Der Ernährungsberater und Heilpraktiker Jean Huntzinger verweist bereits seit Jahren

Obst sollte man auf die erste Mahlzeit am Tag beschränken oder sogar auf seltene Ausnahmen reduzieren und am besten nur als Monomahlzeit essen, da außerdem viele Obstsorten sich nicht miteinander vertragen. Aber bei köstlichen Boskop-Äpfeln, Orange-Red-Aprikosen, Bühler-Zwetschgen oder Morn-Thong-Durian werde ich doch manchmal schwach.

auf die Gefahren des Obstverzehrs. Der Zucker im Obst benötigt zur Assimilation große Mengen Mineralien, die der Körper notfalls aus seinen Reserven gewinnt. Die Demineralisierung schwächt Zähne, Zahnfleisch, Knochen und Muskeln. Der Körper magert ab, ermüdet schneller und wird kälteempfindlich. Die Nase beginnt zu laufen, und es kommt zu Entzündungen. Wenn man längere Zeit ausschließlich von süßem Obst lebt, erzeugt die Bauchspeicheldrüse genau wie beim Normalesser, der viel Industriezucker zu sich nimmt, kräftig Insulin. Das bedeutet Senkung des Blutzuckerspiegels und oft Hypoglykämie (Unterzucker). Auf Dauer kommt es dann zu Darmentzündungen, Leberschäden, rheumatischen Erkrankungen und einer allgemeinen Entkräftung.

Der hohe Wasseranteil im Obst hat in den seltenen heißen Tagen in unseren Breitengraden seinen Vorteil in der Kühlwirkung. Aber die meiste Zeit benötigen wir Wärme und nicht Kühlung. Daher tragen wir ständig Kleidung und suchen die Sonne. Die geschilderten Symptome sind besonders deutlich bei 100-Prozent-Rohköstlern mit hohem Obstanteil. Das ganze Dilemma verschwindet, wenn man auf Gemüsefrüchte, sonstiges Gemüse, Grünblattpflanzen, Avocados und gelegentlich Nüsse umstellt. Selbst die gezüchteten Gemüsefrüchte haben nicht zu viel Zucker, und eine Mahlzeit aus den genannten Sorten bietet ausreichend Mineralien, Vitamine, Eiweiß und Fette für eine optimale Ernährung.

Exotische Früchte

Nach dem über das Obst Gesagte, ist meine Einstellung zu exotischen Früchten eigentlich klar. Auch die heutigen Sorten von Mangos, Papayas, Durian usw. enthalten zu viel Zucker. Auch ihr Mineralienanteil ist zu niedrig. Dazu werden sie meist vor der Reifung geerntet, so dass auch Vitamine und andere Vitalstoffe fehlen. Hinzu kommt die Behandlung durch Lagerung, Verpackung, Transport und in vielen Fällen sogar noch Bestrahlung, heiße Fungizidbäder oder Begasung. Und bei uns treffen sie dann z. B. auf einen Organismus, der sich gerade auf den Winter einstellt, Wasser ausscheidet und Fettpolster aufbaut. Damit ist die Unverträglichkeit programmiert. Darüber hinaus zieht der hohe Zuckeranteil Mineralien aus dem Körper und erzeugt auch Hypoglykämie.

Wenn man wirklich große Sehnsucht nach exotischen Früchten hat, sollte man besser gleich einen Tropenurlaub vorsehen

Allerdings haben Durianfrüchte immer noch eine große Anziehung für mich, nicht umsonst gelten sie als die wohlschmeckendste Nahrung für Rohköstler. Daher gönne ich sie mir beispielsweise zu hohen kirchlichen Feiertagen wie Weihnachten.

und reif gepflückte, ursprüngliche Früchte genießen. Bald wird man aber wieder Sehnsucht nach heimischem Gemüse haben, mir ging es jedenfalls so bei meinem letzten Besuch in Goa vor einigen Jahren.

Trockenfrüchte

Die geschilderten Nachteile des Obsts gelten verstärkt bei Trockenfrüchten. Außerdem werden Trockenfrüchte wie getrocknete Äpfel, Birnen, Weintrauben, Datteln, Feigen usw. zumeist bei Temperaturen über 40 °C getrocknet und sind damit denaturiert.

Im Spezialhandel oder mit Hilfe eigener Trockengeräte kann man unter 40 °C getrocknete Früchte erhalten, die eine gewisse Natürlichkeit besitzen. Trotzdem ist die Zuckeranreicherung groß und vor allem für die Zähne schädlich. Wenn ich schon Obst wegen seines hohen Zuckeranteils nur begrenzt empfehle, lehne ich Trockenfrüchte in jeder Form ab. Hinzu kommt, dass der Ernährungsinstinkt bei getrockneten Produkten versagt, so dass man fast immer zu viel isst. Insbesondere in Kombination mit Nüssen als so genanntes Studentenfutter machen sie geradezu süchtig. Als einzige Ausnahme esse ich gelegentlich einige Nüsse, die bei Zimmertemperatur gelagert auch über Monate noch wertvolle Bestandteile haben.

Frisch gepresste Säfte

Frisch gepresste Frucht- und Gemüsesäfte gelten ebenfalls als gesund und natürlich. Allerdings stellt die Separierung von Saft und

Algen – Mineralienspender aus dem Wasser

Ein weiteres umstrittenes Thema sind Algen. Im frischen und unbehandelten Zustand kann uns der Ernährungsinstinkt sagen, ob sie der Körper verarbeiten kann. Bei mit Heißluft getrockneten oder Algen in Kapselform kann er das nicht. Mit Normalluft getrocknete Algen können begrenzt durch Geruch und Geschmack beurteilt werden. Grundsätzlich gilt, dass Algen wie Wildkräuter viele Mineralien, Vitamine und Spurenelemente enthalten. Außerdem helfen sie in manchen Fällen möglicherweise, den Körper von Schwermetallen zu entgiften. Dies kann beispielsweise bei Amalgamanhäufung nützlich sein.

Vorsicht ist allerdings bei Meeresalgen geboten, da sie zum Teil große Salzeinlagerungen haben. Selbst pflanzlich gebundenes Salz kann schädlich sein und beispielsweise alte Süchte wieder aufbrechen lassen.

Der Geschmack der Algen sowohl frisch als auch getrocknet ist ausgesprochen gewöhnungsbedürftig und nicht jedermanns Sache. Ich selbst esse keine.

Frucht- bzw. Gemüsefleisch grundsätzlich bereits eine Denaturierung dar. Auch kann der Ernährungsinstinkt uns nicht zuverlässig sagen, ob und wie viel Saft dem Körper gut tut. Man sollte lieber die ganzen Früchte und Gemüse essen, damit der Körper alle Nährstoffe und Enzyme im richtigen Verhältnis bekommt.

Doch jemand, der viel Kochkost isst, kann von frisch gepressten Säften mit Sicherheit profitieren, da sie gesünder sind als die erhitzte Nahrung und die in Fabriken hergestellten Obst- und Gemüsesäfte. Die frisch gepressten Säfte sollten jedoch sofort nach der Herstellung getrunken werden. Ein 100-prozentiger Rohköstler braucht sie aber nicht und dürfte auf Dauer durch sie eher Nachteile erfahren.

Oliven

Oliven sind fett- und eiweißreiche Gemüsefrüchte wie Avocados und Nüsse. Sie sind schmackhaft und gesund. Leider sind sie im normalen Handel nur ausgelaugt und in mit Salz, Essig und Konservierungsmitteln behandelter Form erhältlich. Spezielle Versandfirmen liefern jedoch natürliche frische Oliven, die im besten Fall reif vom Baum abgefallen sind. Sie müssen dann unbedingt zwei Wochen zur Entbitterung liegen. Auch die Vögel fressen die vom Baum gefallenen Oliven erst nach dieser Zeit.

Äußerlich sind sie dann braunschwarz und je nach Trocknungsgrad weich bis hart. Die länger getrockneten Früchte kann man luftdicht im Glas aufbewahren und hart wie sie sind oder nach einer 24-stündigen Wasserbehandlung essen. Bei letzterer werden sie zuerst eine Stunde in Wasser gelegt und im Weiteren dann wie Sprossen behandelt, d. h. zwei- bis dreimal gespült und ansonsten mit Wasser bedeckt abgelegt.

Besonders schmackhaft sind Kalamataoliven, eine relativ große schwarze Olivensorte. Natürlich sollte man nicht allzu viele auf einmal essen, da sie ein hoch konzentriertes getrocknetes Nahrungsmittel sind, ähnlich wie Nüsse. Bei beiden funktioniert der Nahrungsinstinkt unzureichend, da sie nicht frisch gegessen werden.

Insgesamt sind Oliven zwar keine notwendige, aber eine überaus reizvolle Erweiterung unserer Nahrungspalette.

Ich persönlich esse jedoch auch nur sehr selten gekeimte Getreidekörner, da wir unseren Energie- und Kohlenhydratbedarf am besten durch frische Früchte, Gemüse, Salate und Avocados decken können.

Getreide und Getreideprodukte

Außer Frage steht, dass Kuchen, Brot, Getreideflocken u. Ä. in jeder Form als hitzebehandelte Nahrungsmittel ungesund sind. Wie steht es aber mit rohem Reis, Roggen, Hafer, Gerste, Mais und Weizen?

Dazu muss man wissen, dass alle Getreidesorten sehr jung sind und erst vor etwa 10 000 Jahren entdeckt wurden. Unser Körper ist also nicht an Getreide angepasst. Zusammen mit dem Getreide wurde auch das Kochen, Braten und Backen erfunden, so dass geröstete Körner und erhitzter Getreidebrei zum Verzehr zur Verfügung standen. Vorteilhaft schien dies vor allem in kälteren Klimazonen, wo es Früchte und Gemüse zeitweise kaum gab und Getreide sich aufgrund seiner Lagerfähigkeit als Ersatz anbot. Wenn wir aber von artgerechten Lebensmitteln erwarten, dass sie in rohem, unbehandeltem Zustand mit Genuss verzehrt werden können, scheidet Getreide in seiner natürlichen Form aus.

Getreide hat außerdem einen hohen Gehalt an Phytinsäure, die Kalzium und Zink aus der Nahrung bindet. Damit können diese Mineralien vom Körper nicht verwertet werden. Auch hat Getreide saure Verdauungsprodukte, während wir Menschen basische benötigen. Weiter ist die Stärke im Getreide schwer verdaulich für uns. Sie wird für unsere Ernährung auch nicht in größerem Umfang benötigt. Besonders das Eiweiß Gluten, das in vielen Getreidesorten und vor allem im Weizen enthalten ist, kann von uns nicht verwertet werden. Manche Menschen reagieren sogar stark allergisch darauf. Allerdings relativ gut verträglich sind Getreidekörner in gekeimter Form, z. B. gekeimter Langkornreis und gekeimte Gerste. Hierauf werde ich im nächsten Kapitel noch näher eingehen.

Schädliches Weißmehl

Andere so genannte raffinierte Getreideprodukte wie weißer Reis, Weizen- und Maismehl entstehen durch Schälen, Entkeimen etc. der rohen Körner. Dadurch werden ihnen große Mengen an Vitamin B und Eiweiß entzogen, die sie bei Verzehr wieder vom Körper verlangen. Makkaroni, Spaghetti, Nudeln usw. werden normalerweise aus Grieß hergestellt, der aus raffiniertem weißem Weizenmehl besteht. Ihr Verzehr ist natürlich genauso schädlich wie der von Weißbrot. Kuchen und Gebäck aus raffiniertem Mehl und raffiniertem Zucker sind sozusagen im doppelten Sinn schädlich.

Keimlinge und Sprossen

Keimlinge und Sprossen sind im Grunde dasselbe, nämlich keimende Samen. Besonders beliebt sind gekeimte Alfalfasamen, Sojabohnen, Mungobohnen, Linsen und Sonnenblumenkerne. Sie haben reichlich Vitamine, Mineralien und Enzyme. Früher, als es im Winter noch nicht das große Angebot an frischen Gemüsen gab, waren Keimlinge ein wichtiger Bestandteil der Ernährung eines Rohköstlers. Auch heute werden sie von vielen als vollkommene Nahrung bezeichnet. Als willkommene Abwechslung bereichern sie natürlich den Rohkostspeiseplan. Frischem Gemüse, das in guter Erde mit viel Sonne herangereift ist, gebe ich jedoch immer den Vorzug. Allerdings können die Samen lange aufbewahrt und mit einem handelsüblichen Keimgerät und Wasser innerhalb von ein bis zwei Tagen zu einem akzeptablen Nahrungsmittel umgewandelt werden. Während ungekeimte Getreidekörner durch die in ihnen enthaltene Phytinsäure die Mineralienaufnahme im Körper blockieren, wird die Phytinsäure durch Einweichen in Wasser und Keimen neutralisiert. Auch der Vitaminanstieg vom Samen zum Keimling ist außerordentlich hoch.

Insgesamt sind Keimlinge also eine relativ gesunde und praktische Sache. Sie wären optimal für Tage, an denen man nicht auf frische Lebensmittel zurückgreifen kann, wenn sie nicht mindestens ein bis zwei Tage zur Keimung bräuchten.

Knoblauch und Zwiebeln

Knoblauch und Zwiebeln sind winterfeste Knollengewächse, die vornehmlich roh oder erhitzt zum Würzen von Speisen dienen. Zwiebeln werden auch gern in größeren Mengen als Gemüse gegessen.

Beide gelten in Deutschland als sehr gesund, wobei Knoblauch eine lebensverlängernde Wirkung haben soll. Für Rohköstler selbstverständlich sind sie erhitzt wie alle Kochkost ungesund. In roher Form sind sie auch als Würzmittel abzulehnen, da man al-

MITTE: Die Nase isst mit – der gute Geruch eines Nahrungsmittels ist ein untrügliches Zeichen, ob es vom Körper angenommen wird.

le Gemüse ungewürzt essen sollte, damit der Ernährungsinstinkt uns sagen kann, ob die Sorte gut für uns ist.

Damit bleibt die Frage, ob sie als rohes Gemüse für den Menschen geeignet sind. Dazu muss man wissen, dass Knoblauch das flüchtige Öl Allizin enthält, das für den Menschen in größeren Mengen giftig ist. Allizin kann zu Anämie führen, d. h. zur Zerstörung der roten Blutkörperchen. Außerdem ist in Knoblauch und Zwiebeln Senföl enthalten, das in größeren Mengen ebenfalls eine toxi-

sche Wirkung hat und beispielsweise zur Kropfbildung führen kann. Daneben sollte nachdenklich stimmen, dass Knoblauch als natürliches Pestizid vom Gärtner genutzt wird. Er pflanzt Knoblauch beispielsweise zwischen Rosen, Tomaten, Kohl, um den Schädlingsbefall zu verhindern. Auch verwendet man Knoblauch bei Hunden, um Zecken abzutöten.

Es gibt jedoch ein einfaches Mittel zur Klärung, ob Knoblauch oder Zwiebeln zum Verzehr für uns geeignet sind. Da sie natürliche pflanzliche Produkte sind, wirkt unser Ernährungsinstinkt. Allerdings stößt mich schon der Geruch von beiden deutlich ab. Wer den Geruch aber akzeptieren kann und sie einzeln gegessen wohlschmeckend findet, sollte sie ruhig essen, solange sie ihm gut schmecken.

Fleisch, Fisch und Eier

Wie weiter oben schon erwähnt, ist der Mensch von seiner natürlichen Veranlagung her gesehen ein Früchteesser. Für tierische Produkte fehlen ihm Reißzähne, das Enzym Urikase zum Abbau der Harnsäure, ausreichend Salzsäure im Magen, und außerdem ist sein Darm zu lang. Dass auch Menschenaffen in kleineren Mengen Insekten, Raupen und andere Kleintiere essen, liegt vornehmlich daran, dass Früchte und Blätter deren natürlicher Lebensraum sind.

Tierprodukte roh verzehrt

Das Fleisch, Fisch, Eier und Meeresfrüchte in erhitzter und verarbeiteter Form ungesund sind, muss nicht weiter verdeutlicht werden. Aber wie sieht es mit diesen Produkten aus, wenn sie in rohem Zustand gegessen werden?

LINKS: *Erdreste am Gemüse schaden unserem Organismus keineswegs. Es muss deswegen nicht unbedingt gewaschen werden.*

Als Erstes sind die Verdauungsprodukte von tierischem Eiweiß stets sauer, während der Mensch basische Endprodukte benötigt, wie sie Früchte und Gemüse liefern. Fleisch tritt außerdem nach dem Verzehr schnell in ein Stadium von Fäulnis über, wodurch beim Menschen aufgrund der unangepassten Verdauung oft schlechter Atem, Sodbrennen und fauliger Stuhl hervorgerufen wird.

Die im Fleisch gelagerten, giftigen Abfallprodukte der Tiere einschließlich der in Todesangst im Schlachthof abgesonderten Hormone sind für unsere Gesundheit sehr abträglich. Sie werden in der Leber abgelagert, die zusätzlich meist auch Quecksilber und künstliche Masthormone aufnehmen muss. Hinzu kommt, dass alle tierischen Produkte viel zu wenig Vitamine, Mineralien, Kohlenhydrate und Faserstoffe enthalten im Vergleich zu unserer artgerechten Pflanzenkost. Dafür enthalten sie zu viel Fett und konzentriertes Eiweiß. Fleisch entzieht den Knochen Kalzium, worauf ich später beim Thema »Osteoporose« noch näher eingehe.

Die Bedeutung der Aminosäuren

Bezüglich der im tierischen Eiweiß enthaltenen Aminosäuren gilt nach neuesten Untersuchungen, dass bei den Menschen in einer Mahlzeit nicht alle essenziellen Aminosäuren enthalten sein müssen, um das aufgenommene Eiweiß zu verwerten, da der Körper auf abgelagerte Aminosäuren zurückgreifen kann.

Damit erhält der Körper auch bei rein pflanzlichen Mahlzeiten stets alle essenziellen Aminosäuren angeboten. Außerdem enthalten Nüsse und viele Gemüsearten ebenfalls so genanntes vollständiges Eiweiß. Und die Aussage, dass wir ohne tierische Produkte nicht genug Vitamin B12 erhalten, stimmt ebenfalls nicht. Bei jedem Rohköstler wird wie bei allen Pflanzenfressern im Darm durch die natürliche Bakterienbesiedlung Vitamin B12 erzeugt. Außerdem kommt das Vitamin durch den Verzehr von pflanzlichen Produkten wie Grünpflanzen, Nüssen, Kernen usw. auch von außen hinzu, so dass die von einem Rohköstler benötigten geringen Mengen nach meiner Meinung erreicht werden. Wer seine Nahrung ungewaschen isst wie ich, hat durch die Aufnahme von Erde mit Kleinstlebewesen hier ohnehin keine Probleme.

Zusammenfassend gesagt sind alle rohen und behandelten tierischen Produkte ungesund und für den Menschen nicht notwendig. Volksgruppen, die überwiegend von Fleisch und Fisch leben wie die Eskimos, haben eine deutlich reduzierte Lebenserwartung. Hinzu kommen noch die modernen

Die etwa 20 Aminosäuren, aus denen körpereigene Proteine und Nahrungseiweiße bestehen, werden in essenzielle und nicht essenzielle Aminosäuren eingeteilt. Zu den essenziellen gehören Valin, Leuzin, Isoleuzin, Threonin, Methionin, Phenylalanin, Tryptophan und Lysin.

Wenn Tiere nicht artgerecht ernährt werden, reagiert auch ihr Organismus mit Infektionskrankheiten zur Entgiftung. Sie können bei starker Vergiftung und reduzierter Lebensenergie zum Tod führen. Für Pflanzenfresser wie Rinder, Schafe und Ziegen ist eine Fütterung mit Tiermehl daher eine sichere Ursache für Krankheiten. Auch Hormone und Antibiotika in größeren Mengen wirken vergiftend, genauso wie der Einsatz von Pestiziden zur Krankheitsvorbeugung.

BSE, MKS &Co.

So sind Krankheiten wie BSE (Rinderwahnsinn) oder MKS (Maul- und Klauenseuche) eine natürliche Folge der heutigen Tierhaltung und -zucht. Wenn Menschen nun Fleisch von diesen erkrankten Tieren essen, erkranken sie in vielen Fällen ebenfalls. Da Rohköstler, von einigen Ausnahmen abgesehen, kein tierisches Eiweiß essen, sind sie im Normalfall nicht gefährdet. Nur wenn Gülle von erkrankten Tieren zur Düngung von Gemüsefeldern verwendet wird, können diesbezügliche Krankheitserreger auch in den Körper von Rohköstlern gelangen. Da der 100-prozentige Rohköstler nur wenige Gifte im Körper hat, dürften selbst die Prionen als virenähnliche Erreger von BSE bei ihm keine schwerere Krankheit zur Folge haben.

Man sollte jedoch güllefrei angebautes Gemüse bevorzugen, das keine Krankheitskeime, keine denaturierten Moleküle von erhitzter Tiernahrung und überhaupt kein tierisches Eiweiß enthält.

Genmanipulation

Genmanipulationen bei Obst und Gemüse können zu veränderten Molekülen führen, die von unseren körpereigenen Enzymen nicht abgebaut werden können. Sie würden wie gekochte Nahrungsbestandteile als Gifte abgelagert werden. Daher sollten genmanipulierte Produkte generell gemieden werden. Dank einer EU-Vereinbarung scheint gesichert zu sein, dass genmanipuliertes Obst und Gemüse in unverarbeiteter Form gekennzeichnet werden muss. Nur bei verarbeiteten Produkten mit niedrigem Anteil kann die Kennzeichnung entfallen. Außerdem haben alle Bioläden und Bioanbauverbände in ihren Statuten festgelegt, keine Produkte mit Genmanipulationen zu verkaufen oder anzubauen. Insgesamt wird der Käufer in Zukunft jedoch streng auf die Unbedenklichkeit der Ware achten müssen und alle genmanipulierten Erzeugnisse boykottieren. Nur so kann erreicht werden, dass uns weiterhin zumindest noch weitgehend natürliche Obst- und Gemüsesorten zur Verfügung stehen.

Nie mehr Milch und Käse?

Wer öfter aus heiterem Himmel Bauchgrummeln bekommt, verträgt vielleicht Milchzucker nicht. Besser als rigoros alle Milchprodukte vom Speiseplan zu streichen, ist eine individuelle Lösung. // *Susanne Teige*

DIE FÜNFJÄHRIGE KARLA bekommt neuerdings eine Stunde, nachdem sie ihren Morgenkakao getrunken hat, Bauchweh und Durchfall. Ihre Kinderärztin rät, den Kakao wegzulassen und zu beobachten, ob dann die Beschwerden verschwinden. Sie vermutet, dass Karla Laktose, also Milchzucker, nicht verträgt. Dieser Zweifachzucker (Disacharid) muss im Dünndarm von dem Enzym Laktase in die Einfachzucker (Monosacharide) Glukose und Galaktose aufgespalten werden. Allerdings unterliegt die individuelle Fähigkeit der Dünndarmschleimhaut, dieses Enzym bereitzustellen, großen Schwankungen. Warum?

Der angepasste Mensch

Bevor der Mensch milchgebende Säugetiere zähmte, bekam er Milchzucker nur als Säugling über die Muttermilch. Nach dem Abstillen benötigte er Laktase nicht mehr, sodass die Fähigkeit, sie herzustellen, sich zurückbildete. Das änderte sich

vor etwa 10.000 Jahren, als Bevölkerungsgruppen vor allem aus klimatisch kühleren Regionen anfingen, Vieh zu halten und die Milch von Säugetieren wie Kuh, Schaf und Ziege zu nutzen. Ihr Verdauungstrakt passte sich daran an.

Andere Völker, vor allem in Afrika und Asien, entwickelten nicht die Fähigkeit, Laktose auch im Erwachsenenalter zu spalten und zu verdauen. Der Anteil davon Betroffener ist heute von Land zu Land unterschiedlich. Beispielsweise haben nur sechs Prozent der Anglo-, aber 73 Prozent der Afro-Amerikaner als Erwachsene einen Laktasemangel; in England sind es 30 Prozent, in Deutschland 15 Prozent und in Japan fast 100 Prozent.

Fehlt das Enzym ganz oder kann der Dünndarm nicht genug produzieren, um den aufgenommenen Milchzucker zu spalten, so gelangt dieser unverdaut zum Dickdarm, wo er dann bakteriell abgebaut wird. Dabei entstehen Milchsäure, Essigsäure, Kohlendioxid und Wasserstoff. »

Kalzium-Power steckt in

- grünem Gemüse wie Brokkoli, Fenchel, Grünkohl, Lauch, Löwenzahn, Mangold und Spinat
- Kräutern wie Basilikum, Bohnenkraut, Kresse, Kerbel, Rosmarin, Salbei, Thymian, Petersilie und Schnittlauch
- allen Bohnensorten
- Vollkornprodukten
- Nüssen, Mandeln und Pistazien
- Mohnsamen (extrem viel), Sesam, Sonnenblumenkernen
- einigen Mineralwässern

29

Irisblende

Tipp: So wird Kalzium besser resorbiert

Wenn Sie nur geringe Mengen Milch oder Milchprodukte vertragen, sollten Sie diese nicht zusammen mit anderen Kalziumlieferanten (siehe Kasten auf Seite 29) essen. Also beispielsweise Brokkoli nicht zusammen mit Käse. Untersuchungen an Betroffenen zeigten, dass bei einer Mahlzeit ohne Milchzucker das Kalzium aus anderen Nahrungsmitteln, wie zum Beispiel Brokkoli, gut resorbiert wird. Wird jedoch mit der Mahlzeit gleichzeitig Laktose aufgenommen, so sinkt die Fähigkeit zur Aufnahme des Kalziums. Warum? Die Darmschleimhaut rebelliert gegen die Laktose, was die Resorptionsfähigkeit stört.

>> Die hierbei entstehenden Gase führen bei leichtem Laktasemangel zu Blähungen, bei starker Laktose-Intoleranz zu Durchfall (durch die Drucksteigerung strömt Wasser in den Darm). Je nach Ausprägung des Laktasemangels sorgt bereits ein halbes Glas Milch für Darmgrummeln und ein volles Glas für ausgeprägte Diarrhö. Fehlt Laktase völlig, verursachen schon geringe Mengen Milchzucker akute Beschwerden.

Verträglicher: Jogurt und Käse

Für Karla bedeutet dies, dass sie ihren Kakao in Zukunft aus Soja-, Reis- oder Haferdrink oder aus spezieller laktosefreier Milch trinken muss. Das bedeutet aber nicht unbedingt, dass sie keinen Jogurt und keinen Käse mehr essen darf. Denn obwohl in fermentierten Milchprodukten wie Jogurt, Kefir und Sauermilch noch relativ viel Milchzucker enthalten ist, werden sie bei leicht ausgeprägtem Laktasemangel meist noch gut vertragen. Hier übernehmen die Milchsäurebakterien weitestgehend die Spaltung des Zuckers. Sehr bekömmlich sind fermentierte Bio-Produkte, da sie nicht erhitzt wurden und noch viele lebende Bakterienkulturen enthalten (besonders auch probiotischer Bio-Jogurt). Bei Weich-, Schnitt- und Hartkäse, wie zum Beispiel Camembert, Edamer und Emmentaler, ist der Milchzuckerge-

halt übrigens höchstens halb so hoch wie in Milch und Jogurt, was diese Käsesorten verträglich macht. Vorsicht gilt jedoch bei Schmelzkäse, da hier der Gehalt an Milchzucker doppelt so hoch ist. Wenn Milchspeiseeis gut vertragen wird, liegt das am Zusatz von Laktase, die den Milchzucker schon gespalten hat. Das wird gerne gemacht, da Milchzucker in gefrorenem Zustand kristallisiert und außerdem nicht so süß schmeckt (so lässt sich Zuckerzusatz sparen).

Keine Allergie

Eine Milchzucker-Unverträglichkeit ist keine Allergie. Wer allerdings allergisch auf ein Milchprotein reagiert, der muss bereits Spuren davon aus dem Weg gehen. Betroffene einer Laktose-Intoleranz haben es da besser. Sie müssen „nur" herausfinden, welche Mengen an Milchprodukten noch problemlos vertragen werden. Das geht am einfachsten mit einem Ernährungsprotokoll. Am besten immer sofort zusammen mit der Uhrzeit eintragen, welche Milchprodukte und Mengen verzehrt wurden. Außerdem das Befinden notieren. Wann hat der Darm gegrummelt, gab es Bauchschmerzen oder Durchfall? So ist bald klar, ob tatsächlich alle Milchprodukte zu meiden sind, oder ob noch einiges von den Kalziumspendern auf dem Speiseplan bleiben darf. ■

Krankheitsgefahren durch Fütterung von Hormonen, Medikamenten und sogar tierischen Produkten. Hier hat in der jüngsten Vergangenheit der BSE-Skandal vielen die Augen geöffnet (siehe Seite 42). Wer auch bei Rohkost diesbezüglich letzte Risiken vermeiden will, sollte auf Produkte bestehen, die ohne Gülle angebaut wurden. Auch ohne Düngung wachsende Wildkräuter sind in diesem Zusammenhang empfehlenswert.

Milch und Milchprodukte

Wie schon gesagt, gehört der Verzehr von Tiermilch und davon abgeleiteten Produkten wie Käse, Quark, Joghurt, Butter usw. zu den Denaturalien in unserer Nahrung, die uns auf Dauer krank machen. Kuhmilch ist optimal für Kälber, nicht für Menschen. Weder ist ihre Zusammensetzung an uns angepasst, noch haben wir die notwendigen Enzyme, Milch und Milchprodukte zu verarbeiten. Durch Pasteurisierung und Homogenisierung haltbar gemachte Milch macht hier keine Ausnahme. Aber auch rohe Milch ist schädlich für uns, da uns die zur Verdauung notwendigen Enzyme Laktase und Rennin nicht ausreichend zur Verfügung stehen bzw. fehlen. Besonders empfindliche Menschen reagieren auf den Verzehr von Milch daher sofort mit Schmerzen, Übelkeit, Erbrechen und Durchfall.

Der Laktasemangel ist bei Japanern und Chinesen besonders ausgeprägt, so dass in ihren Heimatländern fast keine Milch und keine Milchprodukte verzehrt werden. Nur bis zu einem Alter von etwa drei Jahren produziert der Mensch Laktase und Rennin, die zur Verdauung von Milch, der Muttermilch, benötigt werden.

Auch das viel gelobte Kalzium in der Tiermilch ist viel zu grob strukturiert, als dass der empfindsame menschliche Organismus es problemlos assimilieren könnte. Dieses grobe Kalzium entzieht zur Verdauung sogar das Kalzium aus unseren Knochen und Zähnen und fördert die Osteoporose.

Genauso abzulehnen wie Milch sind andere Milchprodukte, wie beispielsweise Dickmilch, Kefir und Joghurt. Sie entstehen durch Fermentierung, d.h. Versäuerung mit Hilfe von Bakterien. Auch gegen Rohmilchkäse sprechen die erwähnten Argumente. Die meisten Käse werden übrigens mit Labferment Rennin hergestellt, eine Substanz aus dem Magen eines Kalbs. Mir ist auch aufgefallen, dass häufige Erkältungen, Halsschmerzen, Mandelentzündungen und Polypen in Nasen und Ohren oft mit einem hohen Verzehr von Milch und Käse einhergehen. Die rechtzeitige Umstellung auf Rohkost kann aber meist größere gesundheitliche Schäden verhindern.

Kalzium ist in Gemüse und Grünblattpflanzen reichlich vorhanden und wird von unserem Organismus bestens aufgenommen.

Gewürze

Gewürze sind bei gekochter Nahrung und insbesondere bei Fisch und Fleisch unabdingbar, denn ohne besondere Geruchs- und

Geschmacksreizung ist die tote Nahrung meist gar nicht genießbar. Allerdings entstehen durch scharfes Braten auch die so genannten Maillard-Moleküle, die gut riechen und schmecken. Leider wirken diese verbrannten Eiweißmoleküle in vielen Fällen jedoch kanzerogen, d. h. Krebs erregend.

Bei Rohkost sind Gewürze überflüssig, da Gemüse und Grünblattsalate im Naturzustand bereits über ausreichend natürliche Aromastoffe verfügen. Die Zugabe von Gewürzen ist auch deswegen abzulehnen, weil der Ernährungsinstinkt die ungewollten Produkte im gewürzten Zustand nicht als schlecht schmeckend aussortieren kann.

Man kann mit Zucker sofort aufhören, körperliche Entzugserscheinungen gibt es nicht. Am besten ist natürlich eine vollständige Umstellung auf Rohkost, insbesondere auf Gemüsefrüchte, übrige Gemüse, Grünblattsalate und Avocados. Auch gegen gelegentlich süßes Obst ist nichts zu sagen.

Sind Gewürze jedoch einzeln gegessen akzeptabel? Salz beispielsweise ist kein pflanzliches Produkt, sondern eine giftige Mineralienverbindung aus Natrium und Chlor. Ab einer Dosis von 100 Gramm ist Salz für den Menschen absolut tödlich. Pfeffer, Senf, Essig u. Ä. sind denaturierte pflanzliche Produkte und deswegen ebenfalls abzulehnen. Sie sind keine Lebensmittel. Wenn bestimmte Gewürzkräuter gut schmecken, sollte man sie einzeln essen. Meist zeigt sich aber, dass man Majoran, Dill oder Schnittlauch nur in kleinsten Mengen als wohlschmeckend empfindet.

Zucker und Honig

Jeder Deutsche nimmt pro Jahr durchschnittlich etwa 45 Kilogramm raffinierten Zucker zu sich. Davon ist der Großteil in industriellen Nahrungsmitteln versteckt. Zucker wird gewöhnlich aus einem natürlichen Lebensmittel, nämlich Zuckerrohr oder Zuckerrüben hergestellt. Durch Raffinieren, d. h. Erhitzen, und andere mechanische und chemische Prozeduren werden aber alle Vitamine, Mineralien, Eiweiße und Fette herausgezogen, so dass nur noch weißer Zucker übrig bleibt. Wenn wir den raffinierten Zucker essen, muss der Körper daher auf seine lebenswichtigen Bestände an Mineralien zurückgreifen, um den Zucker überhaupt verarbeiten zu können.

Oft wird dabei so viel Kalzium aus den Knochen gezogen, dass sie osteoporotisch werden. Weiter wird dem Körper Glutamin und Vitamin B entnommen, wodurch starke Müdigkeit und oft sogar Zustände geistiger Verwirrung entstehen. Außerdem kann der Körper andere giftige Rückstände wie Milchsäure nicht mehr abbauen. Insgesamt führt Zucker zu einer ganzen Reihe von verschiedenen Krankheiten, von denen Karies und Parodontose, Fettsucht, Diabetes mellitus sowie Herz-Kreislauf-Erkrankungen am häufigsten vorkommen.

Das süße Leben

Dabei ist unsere Vorliebe für Süßes ganz natürlich. Die Urmenschen haben damit ursprünglich Früchte zu ihrer Hauptnahrung gemacht, wodurch sie gesund und fit waren. Aber mit dem Kochen und der allgemeinen Nahrungsveränderung kam die Abkehr von den Früchten.

Auch andere konzentrierte Süßungsmittel wie brauner Zucker, Rohrzucker, Melasse und selbst Honig sind ungesund. Honig ist, genauso wie Milch, ein Nahrungsmittel von Tieren für Tiere, aber nicht für Menschen. Er wird von den Bienen aus Blütennektar mit Ameisensäure und verschiedenen Enzymen hergestellt. Diese Verarbeitung ist aber nicht im Sinne unseres Stoffwechsels. Außerdem wird der handelsübliche Honig in den meisten Fällen darüber hinaus noch erhitzt, filtriert und erhält Zusatzstoffe. Sicher erwiesen ist, dass Honig genauso die Zähne angreift wie weißer Zucker.

Der größte Teil des konsumierten Zuckers steckt in verarbeiteten Lebensmitteln, weil Zucker konserviert, die Feuchtigkeit hält, das Aussehen bewahrt, ein preiswerter Füllstoff ist und obendrein süßt. So stecken z. B. in einem Stück Kirschkuchen 14 Teelöffel, in einer Flasche Limonade 16 Teelöffel und in einem Schokoriegel 18 Teelöffel Zucker.

MITTE: *Heilerde gibt es in Pulver- und in Pastenform. Wichtig ist ihre Naturbelassenheit.* RECHTS: *Äpfel liefern wichtige Ballaststoffe.*

Aber liefern Zucker und Honig nicht Energie für unsere täglichen Anstrengungen? Ja, sie liefern Kalorien, sonst aber absolut gar nichts. Und leere Kalorien sind gefährlich. Vergleichbar wäre das, wenn man zwar Benzin hoher Oktanzahl für sein Auto verwendet, aber kein Öl und kein Wasser. Man kann kräftig aufdrehen, aber in kürzester Zeit ist der Motor kaputt.

Und wie kommt man weg vom Zucker? Eigentlich ist es überhaupt nicht so schwer. Man darf keine verarbeiteten und abgepackten Lebensmittel kaufen, muss aufpassen beim Essen außer Haus und darf seinen selbst zubereiteten Speisen natürlich niemals Zucker zufügen.

Heilerde

Wenn es eigentlich keine Heilmittel und Heilbehandlungen gibt, ist die Bezeichnung Heilerde falsch. Korrekt sollte man z. B. grüne Tonerde sagen. Obwohl immer der Körper die Heilung bewirkt, schafft grüne Tonerde doch gute Voraussetzungen zur Heilung. Gleiches gilt auch für Darmspülungen. Tonerde saugt aufgrund ihrer besonderen Mikrostruktur die Gifte in Magen und Darm geradezu auf und transportiert sie aus dem Körper. Für eine gute Gesundheit muss der Darm sauber gehalten werden. Nur dann kann er die Zersetzung von Eiweißen, Zucker, Mineralien und Fett wirksam erledigen. Wenn man merkt, dass der Stuhlgang nicht täglich zwei- bis dreimal auftritt, dass der Stuhl nicht gut geformt ist und der Geruch abstoßend wirkt, ist die Verdauung gestört. Oft kommt es dann auch zu Beschwerden wie Verstopfung oder Durchfall.

Bei all den genannten Verdauungsstörungen sollte man es zuerst mit grüner Tonerde versuchen. Täglich morgens ein oder zwei Teelöffel können helfen. Es darf aber nicht zu Verstopfungen führen.

Bei einem 100-prozentigen Rohköstler kann Verstopfung eigentlich nur auftreten, wenn Ballaststoffe fehlen oder der Darm zu schwach ist. Durchfall ergibt sich oft bei falschen Kombinationen, insbesondere mit Obst. Daher sollte man Obst vor allem als Monomahlzeit essen, d. h. nur eine Sorte pro Mahlzeit. Wenn man zu viel Obst isst, können sich aus dem überreichlichen Zucker in Extremfällen sogar bei Rohköstlern Entzündungen in Form von Magen- und Darmgeschwüren bilden.

Tonerde kann auch äußerlich angewendet werden und unterstützt die Wundheilung und besonders die gute Vernarbung.

Von den verschiedenen Arten der Tonerde bevorzuge ich die grüne Tonerde in Pastenform, die bereits mit Wasser gemischt ist. Sie sollte in der Sonne getrocknet und 100 Prozent naturbelassen sein. Entscheidend ist auch, dass sie die wichtigsten im Körper wirksamen Mineralien wie Kalzium, Magnesium, Eisen, Aluminium und Kieselsäure enthält. Auch Spurenelemente wie Selen, Zink, Kupfer, Mangan und Lithium sind in qualitativ hochwertiger Tonerde enthalten. Aus diesem Grund kann grüne Tonerde auch in Sonderfällen bei Mineralstoffmangel gegessen werden, der sich beispielsweise anhand von Wadenkrämpfen zeigt.

Im Normalfall benötigt ein gesunder Mensch, der sich zu 100 Prozent von Rohkost ernährt, keine grüne Tonerde zum Essen, wohl aber zum Reinigen der Wohnung und zur Körperhygiene.

Nahrungsergänzungsmittel

In den letzten Jahren sind Nahrungsergänzungsmittel gewaltig in Mode gekommen. Nach den Medikamenten sind sie wahrscheinlich das größte Geschäft, und ihr Verkauf wird von der Gesundheits- und Fitnessindustrie stark gefördert. Ich esse keine und fühle mich auch ohne pudelwohl. Nach meiner Meinung kann der Körper Vitaminpillen, Mineraltabletten, Eiweißpulver, Algenkapseln usw. in den meisten Fällen nicht verwerten. Im Grunde sind sie nur ein unzureichender Ersatz für die Nährstoffe, die frisches Obst, Gemüse, Grünblattpflanzen, Avocados und Nüsse uns liefern. Ich bin sogar der Meinung, dass Nahrungsergänzungsmittel wie alle denaturierten Moleküle uns auf Dauer krank machen. Vor allem so genannte Megadosen sind kritisch. Hintergrund für ihre Beliebtheit ist wieder, dass der Mensch hofft, ohne seine Lebensgewohnheiten zu ändern durch Nahrungsergänzungsmittel gesund zu werden und auch dauerhaft zu bleiben. Das ist leider ein folgenschwerer Irrtum.

Getränke

Wer erhitzte Nahrung isst, muss unbedingt viel trinken, um das beim Kochen verdampfte Wasser zu ersetzen. Denn der Körper braucht für seine lebensnotwendigen Prozesse ständig Wasser. Der Rohköstler nimmt aber durch Obst, Gemüse und Grünblattpflanzen im Normalfall ausreichend Flüssigkeit auf. Auch ist der Mensch wie die Menschenaffen für regelmäßiges Trinken nicht vorgesehen, da ihm Schnabel, Schnauze, Leckzunge usw. fehlen. Da Obst und Gemüse zu 80 bis 90 Prozent aus Wasser bestehen, benötigen Rohköstler im Normalfall keine Getränke.

Nach starkem Schwitzen und bei großem Durst sollte man aber natürliches Mineralwasser ohne Kohlensäure trinken. Kaffee und schwarzer Tee sind als giftig abzulehnen, aber auch Kräutertees aus getrockneten Wildkräutern, die mit kochendem Wasser übergossen werden, sind ungesund. Insgesamt trinke ich sehr wenig, da ich auch im Sommer kaum schwitze.

Das optimale Gewicht

Rohköstler sind in der Regel dünner als Menschen, die sich von Kochkost ernähren. Ihr BMI (Bodymass-Index, siehe Kasten Seite 49) liegt bei 18 bis 20, während bei herkömmlicher Kost 22 bis 24 als normal gilt.

Verantwortlich für diesen niedrigen Wert ist bei Rohköstlern meist der zu große Obstverzehr. Wenn man als 100-prozentiger Rohköstler wie von mir empfohlen nur Gemüse einschließlich Grünblattpflanzen, Avocados und Nüsse isst, diese bewusst und intensiv kaut sowie täglich drei Mahlzeiten zu sich nimmt, wird man aus meiner Sicht nach einiger Zeit das Gewicht erreichen, das die Natur für einen vorgesehen hat. Das ist je nach Größe, Körperbau und Temperament natürlich unterschiedlich. Damit sollte man dann auch zufrieden sein, ebenso wie mit seinem äußeren Erscheinungsbild. Mein derzeitiger BMI liegt bei 20, mit dem ich mich wohl fühle. Nach weiterem Muskelaufbau dürfte ein Wert von 21 erreichbar sein.

Wie kann man als Rohköstler zunehmen?

Wenn man allerdings durch widrige Umstände, insbesondere Krankheiten, Unfälle oder auch zu viel Obstgenuss, starkes Untergewicht hat, ist eine Gewichtszunahme in Ordnung. Ich empfehle dann ebenfalls die vorgenannte Nahrung, insbesondere Grünblattpflanzen, Avocados und Nüsse, aber bei täglich vier Mahlzeiten nach Speiseplan III.

Meistens wird das Nachtmahl nach einiger Zeit gut vertragen. Außerdem gehört ein forciertes Krafttraining dazu und die Vermeidung von Stress.

In kritischen Fällen sollte zu Beginn der forcierten Gewichtszunahme sogar eine Fastenwoche mit Darmspülungen stehen, da der gereinigte Darm die Nahrung besser absorbieren kann. Bei einem Test habe ich durch diese Methode innerhalb eines halben Jahres zehn Kilogramm zugenommen.

Ernährung von Kleinkindern

Die Ernährung von Säuglingen und Kleinkindern ist selbst unter Rohkosttherapeuten leicht umstritten. Nach meiner Meinung sollte in den ersten Lebensmonaten und -jahren ausschließlich Muttermilch als Nahrungsmittel dienen. Wobei sich die Mutter möglichst lange vor Schwangerschaftsbeginn ausschließlich von Rohkost ernähren sollte. Die Muttermilch kann das Baby bestens vertragen, da in seinem Magen ausreichend Laktase und Rennin abgesondert werden, was zur Milchverdauung unabdingbar ist. Diese Enzyme versiegen erst nach etwa drei Jahren, womit auch klar wird, dass die Natur Muttermilch zur Ernährung auch etwa drei Jahre vorgesehen hat. Damit wird das Kleinkind bestens versorgt, es gedeiht und wird nicht krank.

Alternative zur Muttermilch

Leider ist es heute oft so, dass die Mütter aus verschiedenen Gründen deutlich eher mit dem Stillen aufhören. Manchmal können sie aus gesundheitlichen Gründen nicht mehr stillen oder müssen unbedingt in den Beruf zurück, um den Lebensunterhalt für die Familie zu verdienen. Wenn also das Kind beispielsweise nach einem Jahr umgestellt werden muss, sollte man mindestens noch ein weiteres Jahr rohe Kuhmilch oder noch besser verdaubare rohe Ziegenmilch zusätzlich zur pflanzlichen Rohkost geben.

Erfahrungen zeigen, dass im ersten und zweiten Lebensjahr das Baby menschliches oder tierisches Eiweiß benötigt, um sich körperlich und geistig optimal zu entwickeln. Auf keinen Fall sollte man aber Mehl oder Zucker untermischen. Vielmehr sollte man als Basiskost rohes Karottenpüree füttern, gelegentlich kann man auch rohes Obst, insbesondere Bananen geben. Wenn man als Mutter keine 100-prozentige Rohköstlerin ist und der Umstellung auf alleinige Rohkost misstraut, kann man mit dem rohen Gemüse eventuell Pellkartoffeln oder auch Getreideflocken vermischen. Jede denaturierte Nahrung enthält jedoch Gifte, die das Kleinkind schnellstens wieder ausscheiden will. Das

Der Bodymass-Index (BMI)

Der BMI errechnet sich, indem man das Körpergewicht in Kilogramm durch das Quadrat der Körpergröße in Meter dividiert. Ein BMI unter 18 gilt als unterernährt, über 25 fettsüchtig und über 30 krankhaft.

Beispiel für einen Mann mit 1,86 Meter Körpergröße und einem Gewicht von 73 Kilogramm:

$$\frac{73}{1{,}86 \times 1{,}86} = \frac{73}{3{,}46} = 21$$

Der BMI von 21 liegt im Bereich des Normalgewichts.

gelingt bei einem hohen Anteil an rohem Gemüse von allein, bei größeren Mengen gekochter Nahrung jedoch nur durch eine Infektionskrankheit.

Wer also möchte, dass sein Kind gesund bleibt, achtet schon ab den ersten Lebensjahren auf eine möglichst natürliche Ernährung. Auch im späteren Leben haben Kinder, die längere Zeit gestillt und dann mit Rohkost einige Jahre ernährt werden, unschätzbare gesundheitliche Vorteile. Ich bin der Meinung, dass auch die geistige Entwicklung günstiger verläuft als bei frühzeitiger Breifütterung.

Ausnahmen und Essen im Lokal

Ausnahmen von der natürlichen Rohkost sind grundsätzlich nicht sinnvoll. Sie bringen wieder denaturierte Moleküle in den Körper und erhöhen damit das Krankheitsrisiko. Auch verringern sie den Genuss an Rohkost und vergrößern das Risiko eines Rückfalls in die Kochkost.

In Lokalen sollte man eigentlich nur natürliches Mineralwasser trinken. Als einzige Ausnahme kann man gelegentlich einen Salat aus rohem Gemüse mit kaltgepresstem Pflanzenöl akzeptieren. Leider entstehen auch bei der Kaltpressung, d.h. ohne Wärmezufuhr von außen, Temperaturen über 40 °C, da bei geringerem Pressdruck die Ausbeute zu schlecht ist. Nach meiner Meinung ist im Normalfall kaltgepresstes Olivenöl am wenigsten denaturiert. Ich bestelle im Lokal bei unvermeidbaren Abendessen stets Rohkostsalat ohne Dressing und esse eine mitgebrachte Avocado dazu.

Einfacher ist das Essen bei Freunden, wo man seine eigenen Früchte oder Gemüse, Grünblattpflanzen, Avocados und Nüsse mitbringen kann. Oder man isst wie im Lokal. Am leichtesten ist natürlich ein generelles Zusammenleben mit gleichgesinnten Rohköstlern in Wohngemeinschaften oder kleinen Dörfern. Aber andererseits bedeutet dies auch ein Absondern und eine Flucht vor der Welt. Ich finde, dass wir dort bleiben sollten, wo uns Beruf, Kulturangebot und Familie hinziehen und uns dort so natürlich wie es nur irgendwie geht einrichten. Gleichzeitig können wir dort anderen ein Vorbild sein und ihnen helfen, ebenfalls den Weg zurück zur natürlichen Ernährung zu finden.

Körperpflege

Neben vegetarischer Rohkost, ausreichend Schlaf, viel Sonne und frischer Luft gehören Körperpflege und Bekleidung zu den wichtigsten Bedürfnissen des Menschen. Unter Körperpflege verstehe ich die Reinigung von Gesicht, Händen und dem übrigen Körper, Haarewaschen, Rasieren und Haare sowie Finger- und Fußnägel schneiden.

UNTEN: *Wasser ist das natürlichste aller Reinigungsmittel und auch das einzig akzeptable.*

Alle Kosmetikartikel sind als nicht natürlich abzulehnen, auch Kernseife, salzhaltige Zahnpasta und pflanzliche Haarwaschmittel. Was bleibt sind Wasser, Bürsten mit weichen Borsten und grüne Tonerde in Pastenform. Damit wasche ich alle Körperteile und meine Haare. Da ich mir keinen Bart stehen lassen möchte, rasiere ich mich mit einem modernen Nassrasierer nur mit Wasser. Eine mögliche Alternative ist ein Elektrorasierer, der ohne wöchentlichen Klingenwechsel auch eine Vereinfachung darstellt, aber eben wieder mehr komplexe Technik bringt. Anschließend reicht eine Gesichtswäsche mit reichlich kaltem Wasser.

Zur normalen Zahnreinigung genügt mir als 100-prozentigem Rohköstler das gründliche Mundausspülen vor dem Zubettgehen und nach dem Aufstehen. Gelegentlich verwende ich auch eine Zahnbürste und grüne Tonerde. Interessanterweise hat die tägliche Benutzung einer Zahnbürste bei mir zu Irritationen und leichten Schmerzen von Zahnfleisch und Zahnwurzeln geführt. Es ist zu vermuten, dass die bei manchen Rohköstlern noch auftretenden Zahnprobleme in Zusammenhang mit dem täglichen Zähnebürsten zu sehen sind.

Bekleidung

Natürliche Bekleidung wäre eigentlich eine starke Körperbehaarung, die wir aber leider nicht besitzen. In unseren Klimazonen benötigen wir also normalerweise Unterwäsche, Rock oder Hose, Hemd oder Pullover und

Jacken aller Art. Für die unmittelbar auf der Haut liegende Unterwäsche sind Fasern aus tierischem Eiweiß erste Wahl. Wolle und Seide haben optimale Wärmewirkung, sind luftdurchlässig, haben eingebaute Elastizität und natürlichen Selbstreinigungseffekt. Leider sind sie teuer und im normalen Handel oft gar nicht zu bekommen.

Pflanzenfasern wie Baumwolle und Leinen sind schon zweite Wahl, weniger hautfreundlich, bakterienanfällig und insgesamt stark verarbeitet. Für Rock, Hose, Hemd, Bluse und Pullover sind sie jedoch gut geeignet, notfalls auch für die Unterwäsche. Dabei sollte man stets als Farbe Weiß oder Natur wählen, um zusätzliche giftige Farbstoffe zu vermeiden.

Für Jacken kommt vor allem Wolle und auch Leder infrage, wenn man nicht konsequent Produkte von getöteten Tieren ablehnt. Außerdem ist der Chemieeinsatz bei der Gerbung von Leder ein Gesundheitsrisiko. Auch Chemiefasern kommen als dritte Wahl in Betracht für Jacken und Anoraks. Sie haben jedoch elektrostatische Aufladungen und sind weniger luftdurchlässig. Auch erzeugen sie nicht das wohlig-warme Gefühl von Wolle. Allerdings sind z. B. Goretex oder ähnliche Fasern besonders für Sportoberbekleidung akzeptabel, da wasserdicht und doch atmungsaktiv. Auch für Schuhe ist es brauchbar, wo derzeit Leder noch dominiert. Für Strümpfe und Socken ist Wolle und Seide ebenfalls wieder die erste Wahl. Für Schlafanzüge und Nachthemden ist vor allem Seide sehr empfehlenswert. Schaffelle sind als Bettzeug sehr gut geeignet. Sie müssen aber häufiger gebürstet werden. Man schläft am besten mit einem Oberbett, Unterbett und Kopfkissen aus Kamelhaar ohne Bezüge und Laken. Allerdings sollten sie täglich gelüftet werden.

Haushaltschemikalien

Ständig appelliert die Werbung an uns, mit den unterschiedlichsten Putzmitteln in der Wohnung für Reinlichkeit, Glanz und Frische zu sorgen. Leider kostet das ständige Putzen jedoch nicht nur viel Geld, sondern die verwendeten Chemikalien machen uns auch krank. Folgende Umweltgifte sind unbedingt zu vermeiden:

▸ Waschmittel aller Art
▸ Raumspray
▸ Herdreiniger
▸ Insektenspray
▸ Abflussreiniger
▸ Geschirrspülmittel
▸ Fußbodenreiniger
▸ Beckenreiniger
▸ Farbbeize
▸ Silberputzmittel
▸ Glasreiniger
▸ WC-Reiniger

Da der Rohköstler weniger Ausscheidungen hat als ein sich von Kochkost ernährender Mensch, und auch Bakterien und Viren nicht scheut, kann er das ganze Thema »Reinigung« deutlich reduzieren.

Für eine reinliche Wohnung werden eigentlich nur Tonerde, Wasser und Bürsten sowie Essig für die WC-Reinigung oder hartnäckige Flecken benötigt.

Den Körper
trainieren

Wer sich regelmäßig bewegt, seine Muskeln stärkt und sich darüber hinaus gesund und natürlich mit Rohkost ernährt, der wird bis ins hohe Alter mit einer stabilen Gesundheit und viel Energie reich dafür belohnt.

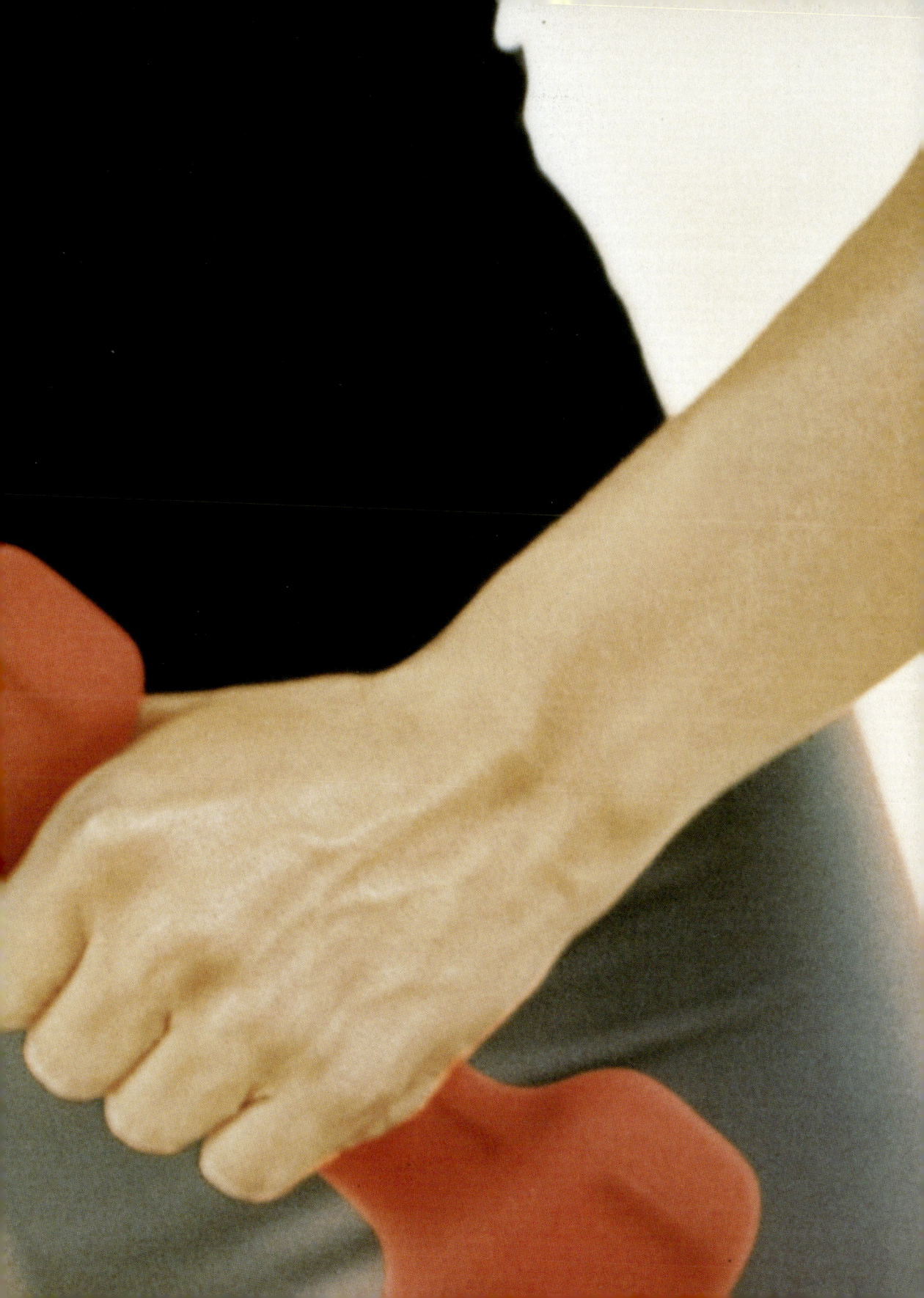

Gute Gründe für regelmäßiges Training

Zur Erreichung von körperlicher Gesundheit und Fitness gehört neben Rohkost, frischer Luft, viel Sonne und ausreichend Schlaf unbedingt auch ein regelmäßiges Körpertraining. Die Urmenschen haben sich durch ihre Lebensweise mit Wandern, Klettern und Nahrungstransport keine Gedanken über Kondition und Fitness machen müssen. Denn nur aufgrund einer guten körperlichen Verfassung, ihrer Schnelligkeit und Ausdauer konnten sie sich ohne Waffen gegenüber den Raubtieren behaupten.

Das Wort »Bewegungsmangel« verleitet gern zu den bekannten hektischen Aktivitäten der Fitnesswelt wie Aerobic, Jazztanz, Spinning u. Ä. Im Gegensatz zum Krafttraining bringen sie langfristig meist keinerlei Vorteile. Wenn man aber Spaß daran hat, ist es natürlich in Ordnung.

Aber auch heute braucht der Mensch Kraft, Ausdauer und Beweglichkeit. Dabei steht nach meiner Meinung an erster Stelle ein Krafttraining für den kombinierten Muskel- und Knochenaufbau. Dies ist mit Hanteln zu Hause oder besser noch mit speziellen Geräten im Fitnessstudio möglich. Auch ein Ausdauertraining ist sehr wichtig, insbesondere für die Herzmuskeln und Venen. Walking, Jogging, Radfahren und Schwimmen sind hier gut geeignet. Nach meiner Meinung ist allerdings Walking, d.h. forciertes Gehen, die gesün-deste und natürlichste Methode. Um eine bessere Beweg-lichkeit zu erreichen, schlage ich Bouldern vor, d.h. Klettern ohne Hilfsmittel in Absprunghöhe. Aber auch Yoga ist hierfür gut geeignet. Eine weitere Alternative wäre Stretching, wobei nach meiner Meinung durch extensives Dehnen aber eventuell mehr Schaden als Nutzen erreicht wird. Ein kurzes Dehnen andererseits wird bereits beim korrekt durchgeführten Krafttraining erreicht. In den meisten Fällen bringen Krafttraining und Walking allein schon ausreichende Beweglichkeit.

Leider haben wir sogar das richtige Sitzen, Gehen, Stehen und Liegen verlernt, so dass auch hier ein Training erforderlich ist. Dieses Training kann allerdings im Rahmen unserer täglichen Verrichtungen durchgeführt werden. Bedingt durch falsche Ernährung und Muskelverspannungen im Augenbereich hat auch unsere Sehfähigkeit gelitten. Durch Rohkost und ein spezielles Augentraining kann sie aber so verbessert werden, dass in den meisten Fällen eine Brille nicht benötigt wird.

Krafttraining

Große Muskelkraft verbunden mit einem schlanken Körper ist die beste Ausrüstung für den Alltag und jeden Freizeitsport. Man fühlt sich leicht, jede Bewegung ist ein Vergnügen, und sogar das Treppensteigen macht Spaß. Ich wiege seit mehr als zehn Jahren bei 176 Zentimeter Größe um die 60 Kilogramm, esse 100 Prozent Rohkost und bin stark durchtrainiert. Aus diesem Grund konnte ich mit 56 Jahren noch das Freeclimbing anfangen und nach drei Jahren bereits im achten Schwierigkeitsgrad klettern, was für viele junge Sportler auch nach zehn Jahren Kletterpraxis noch ein unerreichbares Ziel ist. Leider beschränken Muskelschwäche, Rückenschmerzen und oft sogar Knochenschwund den Aktionsradius vieler Menschen. Ursache dieser Handicaps ist aber nicht der viel zitierte Bewegungsmangel, sondern neben einer falschen Ernährung die fehlenden körperlichen Anstrengungen. Nur Widerstand zwingt die Muskeln zur Anspannung, und daraus resultiert Kraft. Kraft ist nicht alles, aber ohne Kraft ist alles nichts. Unser Kreislaufsystem und unsere Verdauungsorgane sind nutzlos ohne die Kraft der Skelettmuskulatur.

Und wie kann man diese Muskelkraft am besten vergrößern? Einmal durch Rohkost, denn ablagerungsfreie Gefäße zur Versorgung ergeben gesunde, kräftige Muskeln. Aber für ausreichenden Kraftaufbau ist zu-

Trainingsplan für den Muskelaufbau

▶ Das Training sollte idealerweise 2-mal wöchentlich stattfinden.

▶ Jede Trainingseinheit beinhaltet jeweils 12 Übungen. Wenn man seine Kraft verdoppelt hat, genügen 8 bis 10 Übungen.

▶ Begonnen wird mit dem Training der Gesäß- und der Hüftmuskulatur, dann folgen die Bein-, Bauch- und Rückenmuskeln. Den Abschluss bilden die Armmuskeln.

▶ Ideal ist ein Gewicht, das 7 bis 9 Wiederholungen gestattet.

▶ Das Anheben des Gewichts sollte 4 Sekunden dauern, das Senken ebenfalls 4 Sekunden. Dazwischen in der Position der vollständigen Kontraktion der Muskeln verharren wir 2 Sekunden.

▶ Werden mehr als 9 Wiederholungen geschafft, kann im nächsten Training das nächst höhere Gewicht verwendet werden. Werden weniger als 7 Wiederholungen geschafft, sollte man wieder auf das nächst niedrigere Gewicht zurückgreifen. Das Gewicht darf niemals auf Kosten einer sauberen Übungsausführung gesteigert werden.

▶ Die Geräte sollte man nacheinander möglichst ohne Pausen absolvieren, damit Herz und Blutkreislauf ebenfalls trainiert werden.

▶ Eine Übungsserie pro Gerät ist vollkommen ausreichend, da sich die Trainingsreize nicht addieren.

▶ Nach jedem Training werden Gewicht, Sitzstellung und die Anzahl der Wiederholungen auf einer Karte notiert. Auch das Gewicht für das nächste Training wird vermerkt.

▶ Vor, nach oder während des Trainings sollte bei Durst ausschließlich Wasser getrunken werden.

sätzlich ein gezieltes Krafttraining notwendig. Die Frage ist nur, in welcher Form und in welchem Umfang? Heute weiß man, dass zu wenig nichts nützt und zu viel sogar schadet. Bei zu viel Training bauen wir ab und werden schwächer. Unser Körper braucht nach jedem Training Zeit für Erholung und Aufbau. Daher sollte man nur zweimal wöchentlich trainieren, z. B. jeden Montag und Donnerstag. Und wenn man es richtig macht, benötigt man nicht mehr als 30 Minuten jedes Mal. Mehr ist Zeit- und Energieverschwendung.

Krafttraining – aber wie?

Wichtig ist beim Krafttraining, dass man den Widerstand verändern, also die Gewichte variieren kann. So kann man zu Hause mit Hanteln und unterschiedlicher Scheibenzahl arbeiten. Im Studio gibt es entsprechende Geräte mit einstellbaren Gewichten. Die Geräte haben den zusätzlichen Vorteil, dass durch exzentrische Räder der Widerstand während der Bewegung verändert werden kann. Und zwar so, dass in jedem Gelenkwinkel der Muskel überschwellig beansprucht wird.

Dadurch wird die beste Kraftsteigerung erreicht. Außerdem kann mit Maschinen vorteilhaft ein isoliertes Training einzelner Muskeln absolviert werden, ohne dass durch

Überschwellige Muskelbeanspruchung heißt, dass bei längerer Belastungsdauer alle aktiven Muskelfasern aktiviert und bis zur Erschöpfung beansprucht werden. Dadurch werden Reservefasern rekrutiert, die mit Wachstum reagieren und so zu aktiven Fasern werden. Dadurch ergibt sich als Trainingseffekt eine Vergrößerung des Muskels und eine Erhöhung der Kraft.

vorgelagerte Muskeln das Training beeinträchtigt wird. Auf Seite 55 ist nach dem bekannten und im Bereich Muskelaufbau sowie Krafttraining führenden Schweizer Fitnesstrainer Werner Kieser zusammengefasst wie im Einzelnen beim Training vorgegangen werden sollte.

Vorurteile gegen das Krafttraining

Zunächst möchte ich jedoch auf die berechtigte Kritik an dem Drumherum des Krafttrainings eingehen. Oft bieten Fitnessstudios ein übergroßes Angebot an modischen Gesundmachern. Die Skala reicht von Aerobic, Step Aerobic, Stretching, Spinning, Tai Bo, Bodyshaping und Aufwärmgeräten aller Art, bis hin zu Saftbar, Whirlpool, Sauna und Solarien. Das eigentliche Krafttraining rückt an den Rand, da es mehr nach Arbeit als Vergnügen riecht. Hinzu kommen irrtümliche Vorstellungen und echte Vorurteile, wie die folgenden Beispiele zeigen:

KRAFTTRAINING IST GEFÄHRLICH: Das stimmt nicht. In Wirklichkeit ist korrektes Krafttraining bei entsprechend aufgewärmter Muskulatur und ohne dem Überanstrengen von Sehnen und Bändern für den gesunden Menschen im Gegensatz zu den meisten anderen Sportarten nahezu risikofrei.

STARKE MUSKELN MACHEN LANGSAM: Auch das ist nicht richtig, denn kräftigere Muskeln befähigen zu schnelleren Bewegungen, sofern die Koordination stimmt. Wenn letztere fehlt, kann die vorhandene Kraft nicht voll genutzt werden.

STARKE MUSKELN MACHEN UNBEWEGLICH: Korrekt ist auch hier, dass selbst überdimensionierte Muskeln die Beweglichkeit nicht behindern. Im Gegenteil, korrektes Krafttraining erhöht die Beweglichkeit beträchtlich.

ANTRAINIERTE MUSKELN SIND UNNATÜRLICH: Tatsächlich aber weiß der Muskel nicht, warum er reagiert. Ob die Spannung durch Training oder Schwerstarbeit erzeugt wird, spielt für die Reaktion keine Rolle.

Oft wird auch gesagt, dass Hanteln besser für die allgemeine Koordination seien als Geräte und daher auch für den Freizeitsport nützlich. Auch das ist so nicht ganz richtig, denn Koordination ist immer spezifisch. So nützt der bei der Hantelkniebeuge entwickelte Gleichgewichtssinn eben nur bei der Hantelkniebeuge und nicht beim Skifahren. Bessere Koordinationsfähigkeit auf der Piste bekommt man eben nur durch Skifahren. Aber die erhöhte Kraft durch das Training kommt uns auch beim Skifahren zugute, ungeachtet ihrer Herkunft.

Krafttraining gegen Rückenschmerzen

Erst vor wenigen Jahren wurde von US-amerikanischen Wissenschaftlern nachgewiesen, dass der Zustand der Rückenmuskulatur entscheidenden Einfluss auf das Auftreten von Kreuzschmerzen hat. Früher wurde die Wirbelsäule für unser modernes Leben mit viel sitzender Tätigkeit als biologische Fehlkonstruktion betrachtet und chronische Rückenschmerzen als schicksalhaft hingenommen. Mit speziellen Sensoren und Geräten wurde von Forschern in Florida festgestellt, dass bei allen Patienten mit Kreuzschmerzen die tief liegende Rückenmuskulatur (Lumbalextensoren) sehr schwach war. Daher wurde ein Trainingsgerät entwickelt, bei dem die stärkeren Gesäß- und Beinmuskeln durch eine Beckenfixation funktionell ausgeschaltet, und die Rückenstreckmuskeln aufgebaut werden. Zudem wird auch die umliegende Muskulatur gestärkt.

Gegenüber Gymnastikübungen mit dem gleichen Trainingsziel gilt, dass der Widerstand besser dosierbar, die Bewegungsführung sicher und aufgrund eines gelenkschonenden Belastungsverlaufs das Verletzungsrisiko niedrig ist.

Allerdings muss das Training wie alle anderen Muskelübungen anstrengend sein, denn es kommt nur dann zu einem Kraftgewinn, wenn die Übung bis zur Erschöpfung des Muskels ausgeführt wird. Dabei darf es aber niemals zu Überforderungen kommen, so dass jeder von seinem individuellen Niveau ausgehend sein persönliches Trainingsprogramm aufbauen muss.

Nicht vergessen – die Ernährung

Auch hier ist oft die eigentliche Ursache der Rückenschmerzen die falsche Ernährung. Die Kochkost führt dazu, dass die Gefäßsysteme zur Versorgung der tief liegenden Rückenmuskulatur verstopfen, wodurch die Muskeln hart werden. Bei Anstrengungen ergeben sich dann Schmerzen, so dass die Muskeln aus der Bequemlichkeit heraus geschont und damit weiter geschwächt werden. Durch Umstellung auf Rohkost werden die Gefäße zwar wieder gereinigt, doch müssen die Muskeln erst durch Krafttraining wieder elastisch und gestärkt werden.

Krafttraining gegen Osteoporose

Bereits ab dem 35. Lebensjahr verlieren die Knochen im Körper an Masse. Man spricht hier vom so genannten Knochenschwund. Die Knochen werden porös und brechen leicht. Besonders betroffen sind die Wirbelkörper im Brust- und Lendenbereich. Sie verformen sich, und dabei entsteht eine gebeugte Haltung. Häufig treten starke Schmerzen auf. Als Ursache der Osteoporose wird von der Schulmedizin Vererbung, Hormonmangel, fehlende Bewegung, Zigaretten, Alkohol und vor allem kalziumarme Ernährung genannt. Auch ein Überangebot an Phosphor ist angeblich schädlich, durch das zusätzlich noch Kalzium aus den Knochen freigesetzt wird. Auch Vitamin-D-Mangel kann Auswirkungen haben, da Vitamin D für die Kalziumeinlagerung benötigt wird. Als wichtigste Prophylaxe wird neben regelmäßiger Bewegung täglich ein halber Liter fettarme Milch und 30 Gramm Käse empfohlen.

Die Rohkosttherapeuten sind dagegen der Meinung, dass falsche Ernährung die primäre Ursache für Osteoporose ist. Wie die Tiere kann auch der Mensch aus rohem Obst, Gemüse und Grünblattpflanzen ohne Probleme seine starken Knochen mit organischem Kalzium aufbauen. Das nicht verwertbare Kalzium aus Milchprodukten beschleunigt dagegen die Verkalkung der Muskeln und Gefäße. Vor allem Säure bildendes Fleisch, raffinierte Getreideprodukte, Zucker und gekochte Stärke verlagern das Kalzium aus den harten Geweben Knochen und Zähnen zu den weichen Geweben Arterien, Haut, Gelenke, innere Organe und Augen. Dadurch ergeben sich die häufigsten Alterserscheinungen wie Knochenbrüche, Zahnzerfall, Arterienverkalkung, Faltenbildung, Weitsichtigkeit, Arthrose und grauer Star.

Der erste Schritt ist also auch hier eine Umstellung auf Rohkost. Um jetzt die geschwundene Muskel- und Knochenmasse wieder aufzubauen, ist zusätzlich Krafttraining erforderlich. Es entwickelt nicht nur die

Mitte: *Regelmäßiges Walking ist eine gute Vorbeugemaßnahme gegen Herzkrankheiten.*

Muskeln und Sehnen, sondern baut genauso die Knochen auf. Am Beispiel der Osteoporose ist besonders gut erkennbar, dass sich durch Belastung und Widerstand die Gesundheit entscheidend verbessern lässt. Studien zufolge haben andere Trainingsmethoden wie Jogging, Stretching oder Aerobic die Osteoporose nicht aufhalten können. Eine optimale Vorsorge zur Vermeidung von Osteoporose ist die Verbindung von Krafttraining und Rohkost. Hier kann sogar von Heilungschancen die Rede sein, wenn die Knochenschäden nicht schon zu groß sind.

Walking

Walking ist forciertes Wandern oder beschleunigtes Gehen und ein optimales Ausdauertraining. Es trainiert insbesondere den Herzmuskel, aber auch die Lunge, die Arm- und Beinmuskeln und die Venen. Walking fordert vom Körper keine Höchstleistungen, daher entstehen auch wenig Abfallprodukte wie Milchsäure. Die Muskeln, Sehnen und Gelenke werden nur in ihrer natürlichen Form beansprucht, wie schon seit Millionen von Jahren. Wir können jeden Tag trainieren, müssen keine Erholungstage einlegen, und für einen gesunden Menschen gibt es kein Verletzungsrisiko.

Kranke Menschen müssen sich wie bei jeder Art von Körpertraining vorher mit ihrem Arzt abstimmen. In den meisten Fällen bestehen jedoch selbst für kranke und auch alte Menschen keinerlei Bedenken, wenn sie natürlich in dem für sie angemessenen Tempo walken. Walking beginnt vor der Haustür, kann auf Bürgersteigen weitergehen und landet schließlich auf Schotterwegen im Park. Wir brauchen außer geeigneten Schuhen keine Ausrüstung, keinen Lehrer, keinen Partner, kein Studio und können zu jeder Zeit trainieren. Walking ist nach meiner Meinung das natürlichste und gesündeste Ausdauertraining, und es macht einfach viel Spaß. Wenn man nach einiger Zeit weiß, worauf es ankommt, walkt man im Flow, d.h., man geht so gelöst, locker und in Resonanz, dass man fast süchtig nach dem täglichen Walking wird.

Obwohl beispielsweise in den USA über 60 Millionen Menschen walken, ist noch kein einziger Fall bekannt, wo dieses Training zu einer Gesundheitsschädigung geführt hat. Im Gegensatz dazu haben in Deutschland, wo das Jogging weitaus populärer ist, bereits viele tausend Jogger sich ernsthafte Verletzungen an Sehnen, Bändern und Gelenken zugezogen.

Übrigens kommt die Schonung der Gelenke insbesondere daher, dass beim Walking stets ein Fuß Bodenkontakt hat. Es gibt also keine Sprungphase wie beim Jogging und vielen anderen Sportarten.

Regeln fürs Walking

Beim Walking soll man zügig gehen, aber dabei trotzdem noch singen, pfeifen oder mit einem Partner plaudern können. Walking erfordert mehr Leistung als Spazierengehen, aber weniger als Jogging. Man soll aufrecht gehen, den Fuß mit der Ferse aufsetzen und gleichmäßig abrollen. Der nach hinten geführte Fuß stößt sich mit Fußballen und Zehen ein wenig ab, was uns Tempo gibt und die rückwärtigen Beinmuskeln beansprucht. Die Bein- und Gesäßmuskulatur wird die ganze Zeit geführt, das Becken bleibt in mittlerer Position, so dass sich kein Hohlkreuz bildet. Das Brustbein wird angehoben, die Halswirbelsäule wird gestreckt und der Kopf aufgerichtet. Der Blick richtet sich in einer Entfernung von etwa acht Metern auf den Boden. Die Arme sind leicht angewinkelt und werden kräftig im eigenen Stil mitgeführt. Je schneller man geht, umso kleiner wird der Winkel zwischen Ober- und Unterarm. Mir persönlich gefällt der stumpfe Winkel am besten, es soll ja schließlich kein Sportgehen daraus werden.

Das richtige Atmen

Wichtig ist auch der Atem. Idealerweise atmet man in tiefen, kräftigen Zügen durch die Nase. Man sollte zwar auf den Atem achten, aber auch die Umgebung wahrnehmen und die Schönheiten der Natur genießen. Bei der Schrittlänge ist auf kurze Schritte zu achten. Ich empfehle, täglich zu walken, und zwar etwa eine Stunde lang. Man sollte mit der richtigen Bekleidung bei jedem Wetter trainieren. Am besten ist es, jeweils morgens nach dem Aufstehen eine halbe Stunde und abends vor dem Abendessen eine weitere halbe Stunde zu walken. Die Kleidung sollte bequem und luftdurchlässig sowie für die jeweiligen Witterungsverhältnisse geeignet sein. Entsprechende Walkingschuhe sind luftgefedert, um harte Böden abzudämpfen.

Abnehmen durch Walking?

Beim Walking und Jogging erfolgt Fettabbau entsprechend der Belastungszeit. Wer also länger walken als joggen kann, baut beim Walking mehr Fett ab. Bei gleicher Streckenlänge und einem gemächlichem Tempo von zehn Kilometer pro Stunde für den Jogger und sechs Kilometer pro Stunde für den Walker verbraucht der Jogger noch 20 Prozent mehr Energie. Wenn der Walker aber auch auf zehn Kilometer pro Stunde übergeht, verbraucht er 15 Prozent mehr Energie als der Jogger. Grund ist, dass ab acht Kilometer pro Stunde Jogging die ökonomischere Fortbewegungsart ist. Auch wird beim Walking deutlich mehr Muskelmasse aktiviert, insbesondere auch der breite Rückenmuskel und die Bizeps. Leider glauben gerade die meisten Männer, dass Jogging wirksamer und vor allem auch männlicher sei. Wie wir gesehen haben, ist das ein weiteres Vorurteil.

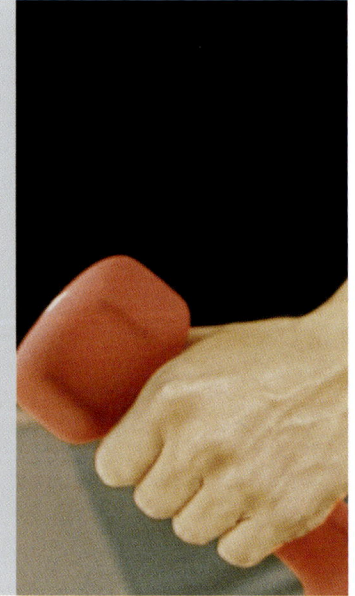

Warum Walking besser als Jogging ist

Wie schon gesagt ist Walking gesünder als Jogging. Es hat zwar dieselben gesundheitlichen Vorteile, wie z.B. die Stärkung von Bewegungsapparat und Kreislauf, den Abbau schädlicher Blutfette und Stresshormone, schont jedoch darüber hinaus die Gelenke, Bänder und Sehnen. Beim Jogging müssen wir das fünffache Körpergewicht beim Aufprall des Fußes auffangen. Beim Walking werden die Gelenke nur mit dem einfachen Körpergewicht beansprucht. Daher gibt es beim Walking keine Gelenkschmerzen, und Bänder und Sehnen verschleißen nicht.

Bestimmten Personengruppen ist vom Jogging ohne vorherige ärztliche Beratung sogar dringend abzuraten. Beispielsweise für Leute, die völlig untrainiert sind oder beim Jogging über 150 Pulsschläge pro Minute erreichen. Oder wer einen Bodymass-Index von über 25, d.h. wer Übergewicht hat.

Wem beim Jogging Hüfte, Knie, Sprunggelenke oder der Rücken schmerzen, sollte lieber auf das sanftere Walking übergehen. Auch verringert die hohe Aufprallenergie beim Jogging die Venenelastizität. Umgekehrt ist Walking ein gutes Venentraining.

Bergwandern und Schneeschuhlaufen

Die Vorteile des Walkings gelten weitgehend auch für das Wandern, wenngleich Wandern meist etwas langsamer erfolgt, aber dafür länger dauert. Auch hat der Wanderer festeres Schuhwerk an, trägt wetterfeste Kleidung und hat meist noch einen Rucksack auf dem Rücken. Das Anliegen des Wanderers ist – neben dem sportlichen Effekt – auch die Natur und Landschaft zu genießen, frische Luft zu atmen und mit anderen Menschen zu kommunizieren.

Zwei besondere Varianten des Wanderns sind das Bergwandern und das Schneeschuhlaufen. Beides sind meine persönlich liebsten Freizeitsportarten. Sie passen zum natürlichen und einfachen Leben, da sie Verbindung zur Natur bringen und keine besonderen Hilfsmittel benötigen, sieht man von den Wander- und Schneeschuhen ab. Sie erfordern auch keine größere Ausbildung, keine besonderen Transportmittel und wenig finanziellen Aufwand.

Zum Bergwandern fahre ich bei schönem Wetter z.B. gern mit der Bahn nach Lenggries und steige das Brauneck gemütlich hinauf. Nach zwei Stunden oben angekommen, mache ich dort ein Picknick mit mitgebrachtem Gemüse, genieße die starke Sonneneinstrahlung und steige dann ganz gemütlich wieder ab.

Sicher im Schnee

Das Schneeschuhlaufen unterscheidet sich letztlich nicht viel vom Wandern, nur erleichtern die Schneeschuhe bei Schnee dank ihrer integrierten Steigzacken den Auf- und Abstieg im Gebirge und geben auch bei Eisplatten die notwendige Sicherheit. Für die richtige Auswahl der Schneeschuhe kann man sich in jedem Sportgeschäft beraten lassen. Durchgesetzt haben sich in Europa

Schneeschuhe mit Aluminiumrahmen, die hinten abgerundet und vorne relativ weit aufgebogen sind.

Beim Schneeschuhlaufen schlurft man wie mit großen Pantoffeln über den Schnee, ohne sie vollständig vom Boden abzuheben. Man sollte nicht breitbeinig laufen und keine zu großen Schritte machen. Beim Bergaufsteigen kann man die vorderen Steigzacken mit einem festen Tritt in den Schnee rammen. Bergab kann man bei lockerem Schnee sogar etwas gleiten. Ob man Stöcke verwendet, bleibt jedem selbst überlassen. Sie dienen zum Ausbalancieren und zur Kraftübertragung durch die Arme. Teleskopstöcke kann man ebenfalls im Rucksack unterbringen und die Länge den geländetechnischen Bedingungen anpassen. Ich verwende keine Stöcke.

Mein bevorzugter Schneeschuh hat allerdings einen Kunststoffrahmen und ist auch hinten aufgebogen. Dadurch wird der Abstieg erleichtert und allgemein die Wendigkeit erhöht. Außerdem kann man ihn teilen, so dass er leicht im Rucksack unterzubringen ist.

Ich bin übrigens nicht ausschließlich der Umwelt zuliebe vom Skifahren auf Schneeschuhlaufen umgestiegen, sondern auch wegen der größeren Einfachheit und des geringeren Risikos. Allerdings fahre ich gelegentlich noch Ski mit meinen neuen Skiboards, die nur 90 Zentimeter lang und ebenfalls ohne Stöcke problemlos zu fahren sind. Das Verletzungsrisiko ist deutlich kleiner, und bei An- und Abreise sind sie ganz leicht im Rucksack zu transportieren.

Bouldern

Das Klettern ohne Hilfsmittel ist eine der natürlichsten Sportarten. Es fördert die Beweglichkeit und die Muskelkraft. Als einzige Abweichung von der Natürlichkeit wird man leichte Kletterschuhe mit spezieller Reibungssohle wählen.

Bouldern heißt, an niedrigen Felsen in Absprunghöhe ohne Seil, Haken oder andere Hilfsmittel zu klettern. Besonders ungefährlich ist es, wenn man in horizontaler Richtung nur etwa einen halben Meter über dem Boden klettert. Dieses Seitwärtsklettern kann in allen Schwierigkeitsgraden erfolgen und ebenfalls wie das Hochklettern viel Spaß machen. Wenn die Felsblöcke auf saftigen Wiesen liegen, kann man sogar ohne Gefahr auf ein bis eineinhalb Meter Höhe gehen.

Die richtige Technik

Beim Klettern muss man die vorhandenen Felsstrukturen nutzen und Tritte und Griffe als Halt verwenden. Die Beinarbeit ist dabei am wichtigsten. Der Schwerpunkt sollte dicht am Felsen liegen, und die Hände greifen im Totpunkt, d. h., man zieht sich an den Felsen heran, lässt los und greift den nächsten Griff. Nach einiger Zeit lernt man, sich richtig zu bewegen, man gewinnt Kraft und klettert im Flow, d. h. im harmonischen Eins mit sich selbst und der Umgebung.

Nachdem ich wegen meines Unfalls aus Sicherheitsgründen nicht mehr in größerer Höhe mit Seil klettere, macht mir auch das Bouldern viel Spaß. Am schönsten ist es am

Felsen in der freien Natur, aber auch in der Halle an Kunstwänden macht es viel Freude. Die meisten größeren Städte haben mehrere Kletterhallen, wo man auch bouldern kann. Mir reichen meist 20 bis 30 Minuten, um mich bis zur Erschöpfung auszulasten. Dazu gehören allerdings bereits zwei bis drei kurze Pausen zum Kräftesammeln.

Zum Bouldern trägt man am besten eine leichte, eng anliegende Hose und ein T-Shirt. Die Hände müssen fettfrei sein, doch ist das gern verwendete Talcumpuder überflüssig. Ich empfehle, zusätzlich zum Krafttraining alle zwei bis drei Wochen zu bouldern.

Yoga

Yoga ist heute auch in unseren westlichen Hemisphären ein Mittel, um die körperliche Beweglichkeit zu steigern und Entspannung zu erreichen. Aber auch spirituelle Entwicklungsmöglichkeiten werden häufig im Yoga gesucht. Tatsächlich liegt in der tausende von Jahren alten Tradition des Yoga eine ausgezeichnete Kombination von körperlicher und geistiger Ertüchtigung.

MITTE: *Mudras sind eine Form des Yoga, die nur mit den Händen ausgeführt wird.*
RECHTS: *Die fernöstliche Tradition des Yoga wird heute auch im Westen praktiziert.*

Der Ursprung des Yoga liegt in Indien. Frühe Hinweise auf Yoga werden in den Upanishaden gefunden, das sind spirituelle Schriften aus der Zeit um 300 v. Chr. Die ersten überlieferten schriftlichen Aufzeichnungen stammen aus dem 2. Jahrhundert v. Chr. und wurden von dem indischen Gelehrten Patanjali verfasst, der die bis heute gültigen Yogaregeln in 195 Lehrsätzen, den Sutren, festgelegt hat.

Yoga ist eng mit dem Hinduismus und dem Buddhismus verbunden. In den Schriften über Hatha-Yoga (etwa 1000 n. Chr.) wurden bestimmte Körperhaltungen (Asanas) und ein Atemtraining (Pranayama) als gesundheitsfördernd und lebensverlängernd beschrieben.

Im 19. Jahrhundert wuchs im Westen das Interesse an indischen Lehren und auch an Yoga. Berühmte indische Lehrer wie Vivekananda (1863–1902) verbreiteten in Europa und in den USA fernöstliche Spiritualität. Dabei hat das Yoga wegen seiner physischen und spirituellen Werte am meisten Bekanntheit erlangt.

Ein hohes Maß an Beweglichkeit

Für mich steht beim Yoga die körperliche Seite im Vordergrund. Die verschiedenen Schulen des Yoga haben im Verlauf ihrer langen Entwicklung eine Reihe von Übungen hervorgebracht, die Geübten, Anfängern und älteren Menschen eine gute Beweglichkeit bringen können. Wichtig ist nicht, dass alle Asanas buchstabengerecht ausgeführt werden, sondern jeder gibt sein Bestes auf dem Weg dahin. Dabei sollten alle Yogahaltungen langsam aufgebaut werden. Das Training kann ganz allein in der Wohnung geschehen oder auch unter Anleitung mit einer Gruppe Gleichgesinnter.

Zu den einzelnen Übungen gehört auch eine gute Atemtechnik. Man sollte stets durch die Nase atmen, möglichst tief einatmen und lange ausatmen. Die Übungen gehen von einer Ausgangshaltung in die persönliche Übungshaltung über. Dabei sollte die persönliche Übungshaltung mindestens drei Atemzüge lang gehalten werden. Für viele Menschen kann Yoga im Hinblick auf ihre körperliche Beweglichkeit außerordentlich nützlich sein, insbesondere wenn das Bouldern zu anstrengend erscheint.

Die wichtigsten Ziele auf der körperlichen Ebene sind beim Yoga Beweglichkeit, Energie und Entspannung. Auf der geistigen Ebene stehen Konzentration, Gleichgewicht und innere Ruhe im Vordergrund.

Flow erreichen beim Sport

Wenn man beim Skifahren, Bergwandern, Schneeschuhlaufen oder Bouldern völlig eins ist mit dem, was man tut, ergibt sich eine Euphorie, man erreicht eine Art Rauschzustand. Dieses Gefühl wird Flow genannt, und wir erreichen ihn häufig beim Sport, aber auch beim Tanzen, Musizieren, Malen und Schreiben. Entscheidend ist, dass man in seiner Tätigkeit völlig aufgeht, und einerseits hochkonzentriert, andererseits selbstvergessen ist.

Besonders beim Felsklettern habe ich diesen Kick immer wieder erfahren. Er bewirkt die Faszination dieses doch relativ gefährlichen Sports. Wenn man beim Klettern die schwierige Schlüsselstelle erkämpft, lebt man vollkommen im Hier und Jetzt. Dadurch werden alle Anstrengungen gebündelt, und ungeahnte Kräfte entfalten sich. Man klettert im Flow und hat Glücksgefühle. Allerdings führt nicht jede körperliche Betätigung zum Flow. Folgende Punkte sind zu beachten, um das Glücksgefühl zu erreichen:

▸ Nie verbissen gegen Schwierigkeiten angehen, keinen extremen Ehrgeiz entwickeln.

▸ Kein Ziel unbedingt erreichen wollen. Skifahren, Bouldern, Bergwandern, Mountainbiken usw. nur aus der Freude an der Bewegung, an der Flüssigkeit der Abläufe, an der gesamten Harmonie heraus ausüben.

▶ Der Freizeitsport soll Bewegung an der frischen Luft, Sonne, Kommunikation mit anderen und vor allem Freude bringen. Auf keinen Fall Leistungsdruck und Stress. Die von mir früher ausgeübten Sportarten wie Windsurfen, Klettern und Skilaufen sind immer irgendwie mit messbarer Leistung verbunden. Beim Windsurfen muss man Powerhalse und Wasserstart perfekt beherrschen, beim Klettern sind die Felswände direkt mit Schwierigkeitsgraden von vier bis zehn ausgezeichnet, und beim Skilaufen sind schwarze Abfahrten, Buckelpisten und Tiefschnee die Herausforderung.

▶ Um weiterzukommen ist also ein ständiges Training erforderlich, und man steht unter dem permanenten Druck, dies auch zu tun. Beim Klettern muss man z. B. zu den Felsen fahren, wenn es das Wetter zulässt. Im Winter darf man als Skifahrer nicht zu Hause bleiben, wenn Schnee liegt und die Sonne scheint.

▶ Jetzt, wo ich fast nur noch Bergwandern und Schneeschuhlaufen ausführe, gibt es keinen Druck mehr. Hier ist keine Leistung, kein besonderes Können gefordert, so dass ich dieses nur dann mache, wenn ich Zeit und Lust dazu habe. Ich kann also bei herrlichem Schnee und strahlendem Sonnenschein zu Hause bleiben. Eine Stunde Spazierengehen befriedigt mein Streben nach Bewegung, frischer Luft und Sonne. Daneben führe ich ja wegen Gesundheit und Fitness mein Körpertraining durch, d. h., ich walke täglich morgens und abends je eine halbe Stunde und gehe zweimal pro Woche zum Krafttraining.

▶ Sich völlig auf die augenblickliche Handlung konzentrieren, die Gedanken nicht abschweifen lassen. Nicht an Probleme im Büro oder in der Familie denken. Einfach im Augenblick leben. Den Wind im Gesicht spüren, die Blüten riechen, Geräusche hören, den Waldboden oder Fels fühlen.

▶ Insgesamt den Sport als Spiel betrachten, als Spaß. Locker und gelöst alle Bewegungen ausführen und nur das tun, was man sich ohne Angst zutraut.

Die richtige Sportart

Dabei ist es von Vorteil, wenn man sich Sportarten aussucht, für die man ein gewisses Talent hat. Wer sehr leicht ist, aber doch viel Kraft hat und vor allem mentale Stärke besitzt, ist vielleicht prädestiniert zum Klettern. Wer ein besonderes Ballgefühl besitzt, Kraft und harmonische Bewegungen kombinieren kann, sollte es einmal mit Golf oder Tennis versuchen.

Eine Gefahr droht aus dem Flow, denn man wird danach süchtig. Als Folge neigt man zu Übertreibung, überanstrengt sich oder übersieht Gefahren. Auch vernachlässigt man Familie, Freunde oder sogar Beruf. Besonders beim Golfspielen, Skifahren oder Klettern muss man nach meiner eigenen Erfahrung aufpassen. Notfalls muss man diese Sportarten durch andere ersetzen, bei denen der Flow nicht ganz so ausgeprägt ist.

Yoga

Vor Ausführung der eigentlichen Yogahaltungen ist es empfehlenswert, ein kurzes Aufwärmprogramm durchzuführen, um die Muskulatur auf die Yogaübungen vorzubereiten und so Verletzungen wie eine Überdehnung oder Zerrungen der Bänder und Sehnen zu vermeiden. Um den Kreislauf in Schwung zu bringen, eignen sich beispielsweise folgende Übungen:
▶ Auf der Stelle hüpfen, auch abwechselnd auf rechtem und linkem Bein
▶ Hampelmann
▶ Armkreisen, vorwärts und rückwärts

Dehnübungen zum Aufwärmen

BEINE
▶ Aufrecht stehen und das rechte Bein anwinkeln. Mit einer Hand um den Knöchel greifen und den Fuß zum Gesäß ziehen. Halten, danach links wiederholen.
▶ Auf den Boden setzen und die Fußsohlen möglichst nah am Körper gegeneinander legen. Die Knie Richtung Boden drücken.

▶ Rechtes Bein auf einem erhöhten Gegenstand ablegen. Den Rücken möglichst gerade nach vorne beugen, mit den Händen den Fuß umfassen. Seitenwechsel.

NACKEN UND SCHULTERN
▶ Im Stand den Kopf zur rechten Seite legen und mit der rechten Hand den Kopf leicht nach unten ziehen. Der Gegenarm drückt ausgestreckt in Richtung Boden. Seitenwechsel.
▶ Den Kopf gerade halten und so weit wie möglich abwechselnd nach links und nach rechts drehen.
▶ Mit den Schultern vorwärts und rückwärts kreisen.

RÜCKEN
▶ Mit gestreckten Beinen auf dem Boden sitzen. Das rechte Bein angewinkelt über das linke kreuzen und den Oberkörper vorsichtig in die Gegenrichtung drehen. Mit den Händen abstützen. Seitenwechsel.

ARME
Einen Arm über den Kopf strecken und den Unterarm beugen. Mit der anderen Hand den Ellenbogen nach hinten drücken.

Yogahaltungen

Nachstehend sind einige wirksame Yogahaltungen aufgeführt, die alle aus dem besonders im Westen verbreiteten Hatha-Yoga stammen. Hatha-Yoga ist vorwiegend Körperyoga. Jede Übung drei Atemzüge lang halten, die Atmung sollte dabei tief und regelmäßig sein.

DER BERG
Aufrecht stehen, Füße parallel. Arme locker hängen lassen, die Schultern entspannen. Der Kopf ruht auf der Wirbelsäule, der Blick ist gerade nach vorne gerichtet. Achten Sie darauf, dass die Wirbelsäule gerade bleibt, atmen Sie gleichmäßig, und spüren Sie Ihren Schwerpunkt in der Körpermitte.

DER KNIEKUSS
Aufrecht stehen, Arme locker neben dem Körper hängen lassen. Beim Einatmen die Arme gestreckt über den Kopf heben. Beim Ausatmen den Oberkörper so weit wie möglich nach vorne beugen, der Kopf bleibt zwischen

den Armen. Mit den Armen die Beine umfassen und den Oberkörper an die Beine heranziehen. Der Rücken bleibt gerade, Kopf und Nacken sind entspannt. Zur Auflösung Wirbel für Wirbel langsam wieder aufrichten.

Der Baum

Aufrecht stehen, den rechten Fuß an die Innenseite des linken Oberschenkels pressen. Die Hände können eine Mudra bilden oder über dem Kopf zusammenge-

»Der Baum« kräftigt die Bein-muskulatur und verbessert die Beweglichkeit der Gelenke.

führt werden. Die Übung anschließend mit dem linken Fuß wiederholen.

Krieger

Aus dem Stand rechts einen Schritt vortreten, das linke Bein nach hinten strecken und langsam vom Boden abheben. Den Oberkörper beugen und beide Arme nach vorne strecken, so dass linkes Bein, Oberkörper und Arme eine horizontale Linie bilden. Die Übung mit dem rechtem Bein wiederholen.

Dreieck

Aus dem Stand rechts einen Schritt nach vorne treten. Den Oberkörper nach links drehen und den linken Arm ausstrecken. Dann den Oberkörper über die rechte Seite beugen und mit der rechten Hand an den rechten Fuß fassen. Das Gleiche nach der anderen Seite wiederholen.

Umkehrdreieck

Aus dem Stand links einen Schritt nach vorne treten. Den Oberkörper nach links drehen, den linken Arm ausstrecken. Dann den Oberkörper beugen und mit der rechten Hand den linken

»Das eingerollte Blatt« dehnt die Rücken- und kräftigt die Hüftmuskulatur.

Knöchel umgreifen. Die Übung nach der anderen Seite wiederholen.

eingerolltes Blatt

Auf die Fersen setzen, den Oberkörper nach vorne beugen und den Kopf auf den Boden legen. Die Arme nach hinten strecken, die Handflächen zeigen nach oben.
▶ Variante: Die Arme weit nach vorne strecken, die Handflächen liegen auf dem Boden auf.

Katze

▶ Vierfüßlerstand, die Arme sind durchgestreckt. Das rechte Bein anheben und

Yoga

nach gerade hinten ausstrecken. Anschließend das linke Bein anheben und strecken.

▶ Variante I: Im Vierfüßlerstand zum gestreckten linken Bein den rechten Arm heben und nach vorne strecken bzw. linkes Bein und rechten Arm gleichzeitig heben.

▶ Variante II: Vierfüßlerstand, die Knie sind hüftbreit geöffnet. Beim Einatmen Bauch nach unten drücken (Hohlkreuz), den Kopf heben. Beim Ausatmen den Bauch stark einziehen

und den Rücken nach oben wölben. Der Kopf senkt sich bei dieser Bewegung zwischen die Arme.

SCHULTERSTAND (KERZE)
Rückenlage, die Arme liegen gestreckt neben dem Körper. Die Beine zur Decke strecken, das Becken bleibt dabei auf dem Boden. Abwechselnd Zehen und Ferse nach oben ziehen.

▶ Variante I: Die Knie zur Brust ziehen. Dabei bleibt der Nacken gestreckt auf dem Boden, das Kinn senkt sich auf das Brustbein. Das Becken leicht vom Boden lösen und die Beine nach oben

»Der Schulterstand« kräftigt Arme, Bauch- und Schultermuskeln und dehnt den Nacken.

»Die Kobra« dehnt die Bauchmuskeln und kräftigt Hals- und Schultermuskulatur.

strecken. Die Hände stützen das Becken ab.

▶ Variante II: Das Kinn liegt auf dem Brustbein. Die Knie zur Brust ziehen und das Becken ganz vom Boden lösen. Die Hände stützen das Becken ab, die Gesäßmuskeln sind angespannt. Bei der Auflösung den Rücken langsam abrollen

DIE KOBRA
Bauchlage, die Arme sind über den Kopf gestreckt, Handflächen und Stirn liegen auf dem Boden. Die Gesäßmuskeln anspannen und das Becken fest gegen den Boden drücken. Beim Einat-

men den Oberkörper aufrichten, die Arme sind angewinkelt. Den Kopf dabei leicht nach hinten drücken.

PFLUG

Rückenlage, die Arme liegen ausgestreckt neben dem Körper, die Handflächen zeigen nach unten. Beim Einatmen Gesäßmuskeln anspannen und Bauch einziehen. Die Knie zur Brust ziehen und so weit über den Kopf strecken, bis die Füße den Boden berühren. Gleichmäßig weiteratmen. Bei der Auflösung die Füße mit dem Einatmen anheben und während der Rücken abrollt ausatmen.

DAS KROKODIL

Rückenlage. Beine anziehen, die Unterschenkel zeigen parallel zum Boden. Arme im rechten Winkel zum Körper ausstrecken. Beim Ausatmen die Beine nach links sinken lassen, den Kopf dabei nach rechts drehen. Die Arme und Schultern bleiben

»Das Krokodil« dehnt die seitlichen Rumpf- und Halsmuskeln und verbessert die Beweglichkeit der Hüftgelenke.

entspannt. Beim Einatmen wieder zur Mitte kommen. Die Übung zur anderen Seite wiederholen.

▶ Variante: Beide Beine anwinkeln, Füße am Boden lassen und möglichst nah zum Gesäß ziehen. Das rechte Bein über das linke schlagen und beide Beine nach links fallen lassen. Dabei den Kopf nach rechts drehen. Die Arme und Schultern bleiben entspannt auf dem Boden liegen. Die Übung zur anderen Seite wiederholen.

DER BOGEN

Bauchlage, die Beine sind leicht gegrätscht, die Stirn berührt den Boden. Beide Knie beugen und mit den

Händen die Fußknöchel umfassen. Beim Einatmen Kopf und Oberkörper anheben. Bei der Auflösung Oberkörper und Kopf mit dem Ausatmen senken und die Fußknöchel vorsichtig wieder loslassen.

Am Ende der Übungen ist es empfehlenswert, sich fünf Minuten zu entspannen. Dazu flach auf den Rücken legen und Arme und Beine ausstrecken. Den Atem ruhig fließen lassen und in Gedanken mehrmals die Affirmation wiederholen: »Arme, Beine, Oberkörper, Unterkörper und Kopf sind schwer und entspannt.«

Von der Natur in die Wiege gelegt

Richtiges Sitzen, Gehen, Stehen und Liegen

Offenbar ist uns Menschen im Verlauf der Entwicklung und der Abkehr von der Natur nicht nur die natürliche Ernährung, sondern auch kraftvolles Bewegen und sogar ganz normales Sitzen, Gehen, Stehen und Liegen abhanden gekommen. Die natürliche Haltung des Körpers müssen wir uns anscheinend erst wieder antrainieren und erlernen.

Unsere Füße spiegeln, in verschiedene Reflexzonen unterteilt, unseren gesamten Organismus wider. Dadurch kann man durch die Stimulierung einer bestimmten Zone die Tätigkeit bestimmter Organe anregen. Barfuß laufen ist also so gesehen eine ganzheitliche Wohlfühlmassage für Körper und Geist.

Das natürliche Sitzen

Beispielsweise sollten wir es uns zum Lesen nicht auf einem weichen Sitzmöbel bequem machen, wo wir mit angezogenen Beinen und krummem Rücken unsere Haltung weiter schädigen, sondern wir sollten uns auf einen Stuhl mit gerader Sitzfläche ganz nach vorne auf die Stuhlkante setzen. Dabei stellen wir beide Fußsohlen fest auf den Boden und lassen die Knie ganz locker auseinander fallen. Der Rücken bleibt gerade. Oberkörper und Oberschenkel bilden einen rechten Winkel. Das Buch kann entweder auf dem Tisch liegen, oder wir halten es mit aufgestützten Händen in Augenhöhe vor uns. In dieser Haltung können wir frei atmen, unser Gehirn bekommt mehr Sauerstoff und kann das Gelesene besser verstehen und verarbeiten.

Ich selbst habe Ledersessel und Ledersofa in meinem Wohnzimmer durch eine Sitzbank und Stühle aus Massivholz mit Strohsitzen ersetzt. Alle meine Gäste fühlen sich wohler als vorher und halten stundenlange Gespräche ohne Rückenprobleme durch. Und Partys enden nicht, wie sonst üblich, auf Brettstühlen in der Küche, sondern im Wohnzimmer.

Das richtige Gehen

Über das richtige Gehen wurde schon im Kapitel »Walking« (siehe Seite 59f.) gesprochen. Deswegen soll hier auch nur kurz noch einmal erwähnt werden, wie wichtig es ist, dass wir auch beim normalen Gehen nicht in den Boden hineintreten, sondern vom Boden abfedern. Wir blicken frei heraus nach vorne und fühlen uns wie eine Marionette oben auf dem Kopf von einem Faden gehalten und leicht nach oben gezogen. Beim Gehen strecken wir Nacken und Wirbelsäule, lassen die Schultern fallen und entspannen auch unser Gesicht.

Wer kann, sollte möglichst viel barfuß laufen, idealerweise auf Wiesen und weichen Waldböden, aber auch in der Wohnung. Viele Fußprobleme verschwinden dadurch in kurzer Zeit.

Ein festes Standvermögen

Auch unser Stehen ist meist nicht mehr natürlich. In der Schlange an der Bushaltestelle, vor dem Bartresen oder auf Partys stehen wir meist nur auf einem Bein. Wir wechseln zwar immer wieder auf das andere Bein, belasten aber stets einseitig.

Richtig ist es, wenn, während wir aufrecht stehen, beide Beine gleichmäßig belastet werden, die Füße in offener V-Stellung. Bei längerem Stehen ist es vorteilhaft, leicht zu schwingen, d.h. beispielsweise erst die rechte und dann die linke Ferse rhythmisch zu entlasten.

Beim Biowippen ist es wichtig darauf zu achten, dass man wirklich nur wippt, d. h., die Füße verlieren nie die Verbindung zum Wipptuch. Keinesfalls sollte man höher und höher springen, dadurch erhöht sich lediglich die Gefahr von Verletzungen.

Wie man sich bettet, so schläft man

Auch für das richtige Liegen gibt es einige Empfehlungen. Eine mittelharte Matratze ist ideal. Bei der Seitenlage sollten Becken und Schultern etwas einsinken, damit das Rückgrat gerade bleibt. Auch sollte das Kopfkissen nicht zu hoch sein, um ein Abknicken des Halses zu vermeiden. Während der Nacht sollten wir möglichst oft unsere Lage verändern, wobei ich die Bauchlage normalerweise vermeide, um keine Rückenschmerzen zu bekommen.

Biowippen

Zur Förderung der Darmgesundheit empfehle ich meinen Klienten häufig die Anschaffung eines Minitrampolins, auch Biowippe genannt. Darauf sollte man jeden Morgen gleich nach dem Aufstehen etwa zehn Minuten wippen, und zwar so, dass die Füße den Kontakt zum Schwingboden nicht verlieren. Das macht den Kopf frei, regt den Kreislauf an, und meistens ist dadurch auch der Stuhlgang am Vormittag gesichert. Aber auch sonst ist das Biowippen nützlich. Es ist ein gutes Venentraining und entspannt. Darüber hinaus fördert es die Durchblutung des Gehirns, erhöht dadurch die Kreativität und verbessert das Gedächtnis.

Das Biowippen ist auch eine gute Alternative zum Walking, vor allem bei schlechtem Wetter. Meist ziehe ich aber Walking in der freien Natur vor. Es fördert ebenfalls die Verdauung, trainiert die Venen, klärt den Kopf und versorgt den Organismus außerdem noch mit Sauerstoff.

Augentraining gegen Sehschwäche

Die Augen sind heute die Sinnesorgane, die am stärksten beansprucht werden. Ungefähr 80 Prozent aller Informationen in unserem täglichen Leben nehmen wir mit den Augen auf, und die dazu noch einseitige Belastung durch Computer, Fernsehen, Informationsterminals u. Ä. kann zu erheblichen Sehstörungen führen. Bereits viele davon betroffene Menschen haben die Erfahrung gemacht, dass ein intensives Augentraining die Sehkraft deutlich verbessern kann. Eine Brille dagegen kann fehlerhaftes Sehen zwar korrigieren, jedoch nicht heilen, und die Augen werden durch das Tragen einer Brille weiter geschwächt. Das Gleiche gilt in erhöhtem Maß für Kontaktlinsen. Wer also seine Brille beiseite legt und bestimmte Übungen absolviert, wird in kurzer Zeit eine Verbesserung seiner Sehfähigkeit erreichen. Meist reicht es jedoch nicht aus, um auf die Brille ganz verzichten zu können. Der Grund hierfür ist, dass durch das Augentraining zwar das Sehen positiv beeinflusst, die eigentliche Ursache der Fehlsichtigkeit jedoch nicht beseitigt werden kann.

Augentraining im Selbstversuch

Auch bei mir setzte mit etwa 50 Jahren die so genannte Alterssichtigkeit ein, d.h., ich musste den Leseabstand immer weiter vergrößern und konnte sehr kleine Schriften bald nicht mehr entziffern. Also ging ich zum Augenarzt und bekam eine Brille verschrieben. Allerdings störte mich das unaufhörliche Auf- und Absetzen der Brille, und mir erschien eine Sehhilfe in hohem Maß unnatürlich.

Zu dieser Zeit hatte ich gerade mit der Rohkost und dem natürlichen Leben begonnen, und ich hielt auch hier ein Muskeltraining für den besten Weg zu einer dauerhaften Besserung meiner Beschwerden. Ich legte also die Brille wieder weg und begann mit einem intensiven Augentraining. Und bereits nach einigen Wochen konnte ich wieder sehr gut ohne Brille sehen. Leider führte das Augentraining bei meinen gleichaltrigen Freunden nicht zu dem gleichen Erfolg. Heute weiß ich natürlich, woran das gelegen hat: Sie ernährten sich von denaturierten Lebensmitteln und Kochkost und lebten auch sonst mit dem Konsum von Kaffee, Alkohol und

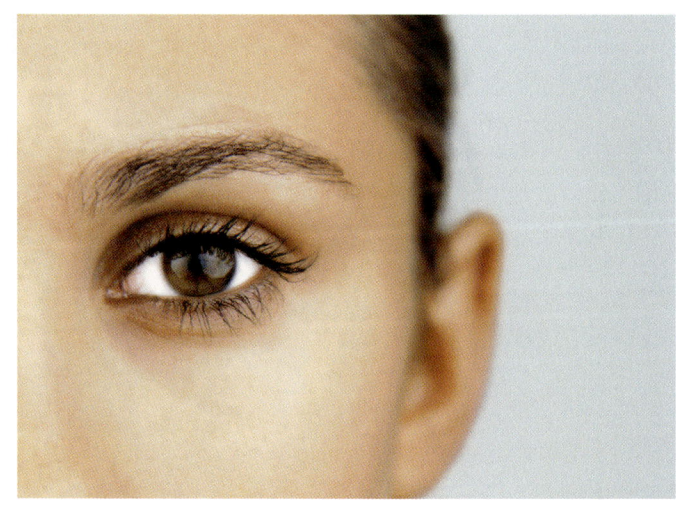

Mit einer natürlichen Ernährung und regelmäßigem Augentraining kann man seine Sehfähigkeit bis ins hohe Alter erhalten.

Zigaretten nicht sehr gesund. Ich dagegen benötige dank meiner Lebens- und Ernährungsweise auch heute mit 67 Jahren noch keine Brille.

Besser sehen durch Rohkost

Inzwischen bin ich durch meine langjährigen Erfahrungen als Ernährungsberater sicher, dass die meisten Sehstörungen auf eine ungesunde Ernährungsweise zurückzuführen sind.

Nehmen wir als Beispiel die schon angesprochene altersbedingte Weitsichtigkeit. Die Kochkost, Milch- und Getreideprodukte und andere denaturierte Nahrungsmittel, an die wir uns nicht in den Millionen Jahren unserer Evolution angepasst haben, können von unserem Verdauungssystem nicht verarbeitet werden und führen zu Ablagerungen in Gefäßen und Organen. Auch die feinen Gefäßsysteme zur Versorgung unserer Augenmuskulatur werden verstopft. Dadurch werden die Muskeln hart, die Augäpfel werden leicht verkürzt. Auch die Augenlinsen werden durch Ablagerungen verhärtet.

Aufgrund dieser Effekte ist ein Angleichen der Augen an einen kurzen Betrachtungsabstand nicht mehr möglich. Das Bild des Objekts konvergiert hinter der Netzhaut, und das Bild, welches wir letztlich sehen, ist unscharf. Hinzu kommt noch, dass sich die Nackenmuskulatur aufgrund von Ablagerungen verhärtet und die Nerven zu den Augen dadurch in der Weiterleitung von Impulsen behindert werden.

Entspannung und Muskeltraining

Manche Augenärzte sehen die Ursache von Sehfehlern vor allem in einem Übermaß an mentaler Anspannung, die ihre körperliche Ausprägung auch in der Verspannung der Augenmuskeln hat. Daher beruht ihr vorgeschlagenes Augentraining insbesondere auf Entspannung und einer Lockerung und Kräftigung der Augenmuskulatur, dass die Linsen und Augäpfel wieder etwas verformt werden können und besseres Sehen möglich wird.

Eine vollständige Heilung der Sehfehler ist dadurch jedoch nicht möglich. Auch werden sich nach Beendigung des Trainings Linsen und Augenmuskeln mit der Zeit wieder verhärten, und die Sehfähigkeit lässt wiederum nach. Wenn man seine Ernährung aber zusätzlich auf rohes Gemüse, Grünblattsalate, Avocados und Nüsse umstellt, setzt ein allgemeiner Entgiftungsprozess ein, der die Ablagerungen im Organismus beseitigt. Auf diese Weise werden die Gefäße zu den Augen- und Nackenmuskeln wieder gut durchlässig, und auch die Linsen werden wieder sauber.

> *Um den Körper zu entgiften und wieder eine bessere Sehfähigkeit zu erlangen, ist auch eine ein- bis zweiwöchige Fastenkur hilfreich, am besten in Verbindung mit Maßnahmen zur Darmreinigung.*

Trainingsprogramm für die Augen

Parallel zur Ernährungsumstellung auf Rohkost ist die tägliche Durchführung des nachstehenden Augentrainings sehr empfehlenswert. Hierdurch werden die Augenmuskeln entspannt und gekräftigt. Alle Übungen werden natürlich ohne Brille durchgeführt.

▸ Palmieren, d. h., Handflächen fünf Minuten auf die Augen legen

▸ Blinzeln, d. h., zwei Minuten etwa alle zehn Sekunden die Augen kurz schließen

▸ Sonnen, d. h., die geschlossenen Augen etwa zehn Minuten in die Sonne halten

▸ Schwingen, d. h., den ganzen Körper fünf Minuten durch Verlagerung des Gewichts vom rechten auf das linke Bein hin und her bewegen; die Augen sind dabei auf keinen festen Punkt fixiert

▸ Die Augen mit kaltem Wasser spülen

▸ Rasterbrille mit Gitterstruktur 20 Minuten tragen

▸ Die Augen zehnmal auf und ab bewegen

▸ Die Augen zehnmal seitwärts bewegen

▸ Zehnmal abwechselnd ein Objekt in der Nähe und ein entferntes Objekt fixieren

▸ Zehnmal mit den Augen rollen

▸ Daneben ist es natürlich nützlich, möglichst häufig bei hellem Tageslicht zu lesen, am besten täglich.

Weiter werden die folgenden Nackenübungen empfohlen, wobei auf eine gerade Wirbelsäule zu achten ist und insgesamt äußerst behutsam vorgegangen werden sollte, um etwaige Verletzungen zu vermeiden:

▸ Den Kopf jeweils zehnmal langsam nach vorn und hinten bewegen

▸ Das Kinn jeweils zehnmal rechts und links herum langsam kreisen

▸ Den Kopf jeweils zehnmal leicht nach rechts und links drehen

Wer zusätzlich zu diesen Übungen seine Ernährung auf Rohkost umstellt, wird bald merken, dass sich seine Sehfähigkeit enorm verbessert. In manchen Fällen wird die Brille nach einigen Monaten vielleicht gar nicht mehr notwendig sein.

Für eine gesunde und vollständige Sehkraft ist eine gesunde Ernährung mit Rohkost und daneben ein gezieltes und regelmäßiges Augentraining am wichtigsten. Außerdem sollten Menschen, die beruflich viel am Bildschirm arbeiten, nach Dienstschluss Fernsehen und PC nach Möglichkeit meiden.

Augentraining bei der Arbeit am Bildschirm

Durch die viele Arbeit am Bildschirm, der im Zeitalter des Computers aus unseren Büros überhaupt nicht mehr wegzudenken ist, werden die Augen sehr stark belastet, so dass häufig Beschwerden wie Müdigkeit, brennende und gerötete Augen, verschwommenes und doppeltes Sehen sowie Augenflimmern auftreten. Auch leidet die Anpassungsfähigkeit an verschiedene Entfernungen oder unterschiedliche Helligkeit. Die Folge ist eine deutliche Verminderung der Sehschärfe.

Was viele gar nicht wissen: Pro einer Stunde Bildschirmarbeit sind gesetzlich fünf Minuten Arbeitspause vorgeschrieben. Diese Zeit kann man wunderbar nutzen, um einen Ausgleich zu der einseitigen Belastung der

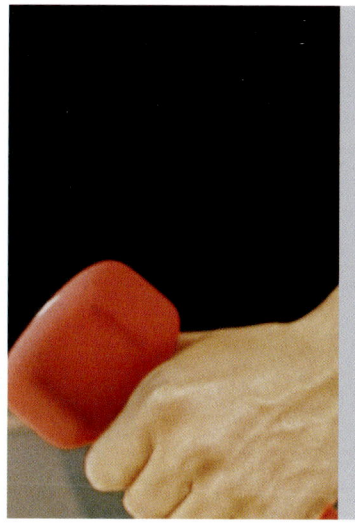

Rasterbrille (stenopäische Lochbrille)

Zum Training der Augenmuskulatur werden heute auch vielfach Rasterbrillen eingesetzt, deren Prinzip schon vor Urzeiten den Eskimos bekannt war: Aus Holz oder Tierknochen gefertigte Scheiben mit einem schmalen Sehschlitz reduzieren den Lichteinfall und erhöhen die Kontrastwirkung.

Heute haben Rasterbrillen Scheiben aus Plastik anstelle der Gläser, die mit vielen kleinen Löchern versehen sind. Die durch diese Brille scharf fokussierbaren Einzelsegmente werden vom Gehirn zu einem Gesamtbild zusammengesetzt – abhängig natürlich von der Beweglichkeit der Augenmuskulatur, die auf diese Weise sehr gut trainiert wird.

Augen zu schaffen. Richten Sie beispielsweise Ihren Blick auf verschiedene Gegenstände in unterschiedlicher Entfernung in Ihrer Umgebung, oder machen Sie eine der anderen Übungen von Seite 74.

Optimale Bedingungen für die Augen

Sehfehler können durch eine falsche Ernährung verstärkt werden, wie eben schon beschrieben wurde. Die Ablagerungen denaturierter Nahrungsmoleküle führen zu einer Verhärtung der Muskeln und damit zur Beeinträchtigung ihrer Elastizität.

Neben einer Ernährungsumstellung und dem regelmäßigen Augentraining kann man aber auch mit einer ganzen Reihe anderer Maßnahmen seine Sehkraft schonen. Die beste Möglichkeit wäre natürlich, die Bildschirmarbeit nach Möglichkeit zu begrenzen und, wenn doch unvermeidbar, immer wieder durch Pausen und Sehübungen zu unterbrechen. Auch müssen die technischen Bedingungen optimiert werden, d. h. großer Bildschirm, flimmerfreies Bild, große Auflösung, große Schrift, Positivdarstellung, keine Blendungen und Spiegelungen und nicht zu grelle Beleuchtung.

Die Lichtquelle, egal ob es sich um Tageslicht oder eine Lampe handelt, sollte sich immer links neben dem Computer befinden. Auch ist ein strahlungsarmer oder noch besser LCD-Bildschirm (Liquid Crystal Display) als Arbeitsgerät anzustreben. Die Darstellung ist hier weniger kontrastreich und insgesamt »weicher« und damit schonender für die Augen. Allerdings ist darauf zu achten, möglichst frontal vor dem Monitor zu sitzen, da ein seitlicher Blickwinkel zu einer unscharfen Darstellung führt, was die Augen zusätzlich anstrengt.

Einfach
leben

Einfach leben heißt, sich auf das Wesentliche zu beschränken und dadurch wahren Reichtum zu erfahren.

Lebensenergie sparen

Wenn man durch gesunde Ernährung und Körpertraining gesund und fit bleibt, möchte man gern ein hohes Alter erreichen. Sicherlich hat man mit Rohkost, Krafttraining, Walking usw. gute Voraussetzungen, aber ein übergreifendes Rezept für Langlebigkeit wäre optimal.

Wer erreicht ein hohes Alter?

Viele führen es ausschließlich auf Erbanlagen zurück und verweisen auf Familien mit vielen Hochbetagten. Andere führen es auf die Blutgruppe zurück, wobei insbesondere die Gruppe 0 ein hohes Alter versprechen soll.

UNTEN: *Durch die richtige Ernährung mit Rohkost ist es problemlos möglich, ein hohes Alter zu erreichen und dabei gesund zu bleiben.*

Wenn man aber bestimmte Berufsgruppen betrachtet, scheint es mehr auf die Lebensumstände anzukommen. Menschen mit einem ruhigen Beruf und einem Leben ohne Hektik werden sehr alt. Dagegen erreichen körperlich hart arbeitende Menschen oft kaum 70 Jahre, noch kürzer ist das Leben häufig bei stressgeplagten Managern, die mit einer 60- bis 70-Stunden-Woche ihre Gesundheit ruinieren.

Oder wie sieht es im Tierreich aus? Adler in der freien Wildbahn werden 30 Jahre, im Zoo mit beschnittenen Flügeln aber gut versorgt 40 Jahre alt. Oder unsere engsten Verwandten, die Schimpansen? Im Dschungel mit seinem Überlebenskampf und täglicher, anstrengender Nahrungsbeschaffung werden sie 40 Jahre alt, im Zoo mit Auslauf und artgerechter Ernährung 50 Jahre. Es scheint, als wenn jedes Lebewesen eine bestimmte Menge Lebensenergie mitbekommt, nach deren Verbrauch das Leben unaufhaltsam endet. Wenn man also sparsam mit seiner Lebensenergie umgeht, lebt man länger. Diese Regel bestätigt sich bei allen Lebewesen.

Langsam leben

Damit haben wir schon unser gesuchtes Rezept für größere Lebenserwartung: Lebensenergie sparen. Praktisch heißt das, nicht zu lange schwer körperlich arbeiten, keine übertriebenen Anstrengungen beim Sport und vor allem wenig Stress. Entscheidend ist, dass unser Stoffwechsel, unser Kreislauf möglichst langsam abläuft. Rohkost ist leicht verdaulich und daher optimal. Anscheinend ist die Zahl unserer Herzschläge, Atemzüge usw. begrenzt. Nach neuesten Erkenntnissen reicht die menschliche Lebensenergie etwa für 200 Millionen Atemzüge, 300 Millionen Darmkontraktionen und 3000 Millionen Herzschläge. Hoher Energieverbrauch ergibt sich durch große körperliche Anstrengungen, heißes Klima, zu viel Nahrung und vielleicht auch durch zu viel Sex. Größter Verbraucher von Lebensenergie ist aber wahrscheinlich übergroßer Stress.

Sich Zeit lassen

Wir brauchen Gelassenheit, Ruhe und auch immer wieder Muße. Wir müssen lernen, langsam zu leben. Hektik, Tempo, Schnelligkeit verkürzt unser Leben. Wir brauchen nachts ausreichend Schlaf von etwa sieben bis acht Stunden, und wenn möglich eine kurze Mittagsruhe. Auch die Arbeit sollte bedachtsam ausgeführt werden, meist wird sie damit auch effizienter. Nur wer langsam lebt, lebt lange. Bäume, die langsam wachsen, werden groß, stark und uralt. Das natürliche Alter des Menschen ist wahrscheinlich wie das der wilden Tiere die sechs- bis siebenfache Wachstumszeit, d. h. bei 20 Jahren, möglichem Wachstum 120 bis 140 Jahre. Wir sollten ständig versuchen die Zeit zu verzögern. Wenn man Geld verschwendet, hat man weniger Geld. Wenn man Zeit verschwendet, hat man mehr Zeit. Wenn man sich einfach hinsetzt, innehält, vielleicht die Natur beobachtet, vergeht die Zeit sehr langsam. Sie ganz zum Stillstand zu bringen ist jedoch für den Menschen nicht möglich.

Was braucht man wirklich?

Wenn man der Meinung ist, man hat eigentlich alles, was man braucht, und ist das, was man gern sein möchte, kann man sich am täglichen Leben erfreuen. Man hat keine Ziele und Wünsche, sondern ist mit dem Erreichten zufrieden. Trotzdem nutzt man natürlich die Möglichkeiten zur Verbesserung und Weiterentwicklung, wenn das Leben sie bietet. Alle Verlockungen unserer Konsumwelt nimmt man gern zur Kenntnis, aber benötigt sie nicht.

Sparsam sein?

Obwohl ich für das einfache Leben plädiere, empfehle ich nicht, billig zu leben oder an allen Ecken und Enden zu sparen. Man sollte wenige, aber gute Sachen einkaufen. Meist halten sie lange, und man hat Freude dran. Im Urlaub gehe ich gern in einfache Frühstückspensionen. Einmal gibt es oft ein Rohkostfrühstück, und zum anderen fühle ich mich in der schlichten Umgebung wohl. Besonders feudale Hotels gefallen mir selbst für einen günstigen Preis nicht. Auch teure tropische Früchte erscheinen mir irgendwie unangemessen. Andererseits kaufe ich für meine Wohnung etwas teurere Naturholzmöbel und auch schon mal einen schlichten Pullover von einer Markenartikelfirma. Auch im Bioladen kaufe ich nur das wohlschmeckendste Gemüse, selbst bei höheren Preisen. Ebenfalls gebe ich relativ viel Geld für gute Bücher aus. Direkt Geld sparen für ein bestimmtes Ziel lehne ich ab, schon weil ich Ziele und Wünsche ablehne.

Auch achte ich stets darauf, nichts zu kaufen, was nur Platz kostet in der Wohnung. Alle diese Dinge bringen nur Stress. Wenn sich wie von selbst bei einem einfachen Leben Geld ansammelt, ist das natürlich wunderbar. Man kann spontan etwas erstehen, was einem Freude bereitet, oder auch ein Geschenk machen.

Für mich ist es eine schreckliche Vorstellung, ein größeres Produkt wie ein Auto, ein Boot oder ein teures Mountainbike zu besitzen, das ich eines Tages doch nur wieder verkaufen müsste, weil es zu viel Platz kostet und mich dadurch einengt.

Ist Besitz negativ?

Die Religionen legen einem oft nahe, dass Besitz etwas Negatives ist. Eher geht ein Kamel durch ein Nadelöhr, als dass ein Reicher in den Himmel kommt, heißt es im Volksmund. Reichtum hat man entweder unverdient geerbt oder auf Kosten anderer zu unrecht erworben, denken die meisten. Dass man es durch Fleiß, Geschick und Ausdauer im Lauf vieler Jahre sich selbst erarbeitet hat,

wollen viele nicht wahrhaben. Natürlich sind die Reichen ungeliebt, die damit prahlen, in Luxus und Überfluss leben und sich Sonderrechte herausnehmen. Wer aber sein Geld gut anlegt, relativ einfach und bescheiden lebt, seine Familie versorgt und nicht mit seinem Geld protzt, wird sicherlich nicht angefeindet.

Auch anderen helfen und soziale Projekte unterstützen, kann sinnvoll sein. Der Vorteil von Besitz ist, dass man sich nicht ständig abstrampeln muss für den Lebensunterhalt. Dafür hat man Zeit für die schönen Dinge des Lebens und dafür, sich weiterzuentwickeln. Nachdem ich mir eine gewisse finanzielle Unabhängigkeit erworben hatte, habe ich das getan, wozu ich schon lange große Lust hatte. Das Thema »Ernährung und ganzheitliche Gesundheit« zu beleuchten und meine Erkenntnisse weiterzugeben.

Ohne Zwänge leben

Über die Weiterentwicklungen unserer Gebrauchsgüter kann ich mich ebenfalls freuen, aber in den meisten Fällen sind sie überflüssig für mich. Ständig neue Automodelle, Fernseher, Waschmaschinen, Fahrräder, Mobiltelefone, Computer usw. sind vielleicht ein Zeichen für die Kreativität des Menschen, haben für mich aber keinerlei Bedeutung. Sollten doch einmal Dinge dabei sein, die mein Leben ohne großen Aufwand vereinfachen oder verbessern, dann erwerbe ich sie spontan.

Ich mache keine Pläne für die Zukunft, auch ein gelegentlicher Urlaub wird erst kurz vorher entschieden. Ich vermeide langfristige Termine, selbst wenn ich dabei bestimmte Dinge verpasse. Äußerstenfalls kaufe ich Konzertkarten und Eisenbahntickets einige Tage vorher. Einladungen und Verabredungen nehme ich nur unter Vorbehalt an. Ich versuche alle Zwänge und Abhängigkeiten zu vermeiden. Beruflich nehme ich natürlich Termine zur Ernährungsberatung an, aber ich versuche, sie stets auf den nächsten oder übernächsten Tag zu legen. Lebensmittel kaufe ich möglichst jeden Tag oder alle zwei Tage, um dann das im Haus zu haben, was ich wirklich gern essen möchte. Aber auch dabei habe ich keine besonderen Wünsche. Zwar bevorzuge ich lokale Produkte aus biologischem Anbau, nur auf nicht lokale Avocados kann ich nicht so gut verzichten, die aber normalerweise aus dem EG-Land Spanien kommen. Wenn es keine schmackhaften Avocados gibt, komme ich auch mit Walnüssen als einheimischen Fett- und Eiweißlieferanten aus.

Insgesamt ist 100 Prozent Rohkost die beste Basis für ein natürliches und einfaches Leben. Man kann damit wieder an die Traditionen unserer frühen Vorfahren anknüpfen. Man benötigt keinen Herd, keinen Kühlschrank, keine Geschirrspülmaschine, keine Tiefkühltruhe, keinen Wasserkocher, keine Brotmaschine, keine Kaffeemaschine usw. Selbst Küchenmaschinen, Mixer, Entsafter, Trockengeräte usw. sind überflüssig, da sie die Produkte nur denaturieren.

Bei den Mahlzeiten kommen Gemüse, Grünblattpflanzen, Avocados und Nüsse auf einen großen Holzteller auf den Tisch. Ich putze das Gemüse nicht und wasche auch nicht die Grünblattpflanzen. Nur die Avocados werden längs aufgeschnitten und ausgekernt. Zum Essen benutze ich einen Holzlöffel, ein kleines scharfes Keramikmesser und gelegentlich einen Nussknacker. Außer den Avocados esse ich alles mit den Fingern.

Leben mit dem Wesentlichen

Man kann also bei der Zubereitung der Nahrung auf alle Geräte verzichten. Aber auch auf viele andere Geräte kann man bei einem natürlichen Leben verzichten. Man benötigt weder Waschmaschine, Staubsauger, Fernseher, Videogerät oder Stereoanlage. An elektrischen Geräten habe ich nur ein Telefon mit Anrufbeantwortung durch die Telekom und ein Radio. Letzteres versorgt mich mit klassischer Musik und mit den Nachrichten. Dazu besitze ich noch je eine kleine batteriegespeiste Funkuhr im Schlafzimmer und im Ess- und Arbeitszimmer. Auch habe ich keine Tageszeitung abonniert, lese aber häufiger im Café die wichtigsten Blätter. Auch habe ich nur relativ wenig

> *Schmuck trage ich nicht, noch nicht mal eine Armbanduhr. Wenn ich unterwegs wissen muss, wie spät es ist, frage ich einfach jemanden.*

Möbel, so dass ich auch nur eine kleinere Wohnung benötige. Diese liegt mitten in der Stadt. Sie hat zweieinhalb Zimmer, Bad, Flur und Balkon mit insgesamt 63 Quadratmetern. Wichtig ist für mich, dass sie im Dachgeschoss eines Rückgebäudes liegt, wodurch sie genügend Abstand von der Straße und ausreichend Licht hat.

In dieser Wohnung möchte ich beweisen, dass man auch im Herzen einer Großstadt natürlich und einfach leben kann. Hier fühle ich mich mit meinem neuen Beruf wohl, hier leben meine erwachsenen Kinder und Freunde in der Nähe, habe ich meinen Rohköstler-Gesprächskreis und gibt es kulturelle Veranstaltungen aller Art. Auch kann ich von hier meine Sportarten wie Walking, Fitnesstraining, Bouldern, Bergwandern und Schneeschuhlaufen sehr gut ausführen. Und wenn ich doch mal Tapetenwechsel benötige, steige ich in den Zug und fahre in die nahe gelegenen Alpen oder ans Mittelmeer.

Aufs Land zu ziehen oder gar in tropische Länder auszuwandern wäre für mich eine Flucht aus der Welt, in die ich hineingeboren bin. Auch in einer Großstadt ist es möglich, natürlich und einfach zu leben.

Wohnen im Zen-Stil

Man kann also sagen, dass meine Wohnung im Zen-Stil bzw. nach dem Muster christlicher Klöster eingerichtet ist: schlicht, einfach und mit wenigen Möbeln. Sie hat ein Schlafzimmer mit Bett, Schrank und Stuhl aus massivem Buchenholz. Bettgestell und Lattenrost sind metallfrei. Die Matratze ist gefüllt mit Naturlatex und Schafwolle. Unterbett, Oberbett und Kopfkissen sind aus Kamelhaar ohne Bezüge, was zwar teurer ist als normales Bettzeug, aber herrlichen Schlafkomfort bietet und 15 bis 20 Jahre haltbar ist. Eine Bettreinigung ist nicht erforderlich, wohl aber tägliches Lüften. Der Schrank enthält meine wenigen Kleidungsstücke, zwei Decken und Schuhe.

Das Wohnzimmer ist deutlich größer und hat Zugang zum südseitigen Balkon, auf dem ich immer esse, wenn es das Wetter irgendwie erlaubt. Möbliert ist das Wohnzimmer mit einem langen Bücherregal, einem Ablagetisch für Bücher, einer Bank mit Rückenlehne und Armlehnen und zwei Armlehnenstühlen. Dazu ein niedriger großer Tisch, auf den man wunderbar seine Füße abstützen kann. Alle Möbel sind aus massivem Naturholz, die Sitzgelegenheiten mit Strohgeflecht. Das kombinierte Ess- und Beratungszimmer hat einen großen Tisch, zwei Stühle, ein Aktenregal und einen Bürocontainer auf Rollen, auf dem beim Essen meine Vorgänge und Schreibutensilien liegen.

Am Kopfende des Raums ist eine Küchenzeile angebracht, mit zwei Hängeschränken, drei Unterschränken und darüber einer großen Küchenplatte mit eingelassener Spüle. Der äußere Unterschrank dient zur Aufbewahrung der Lebensmittel. Unten im Sockel

Tiere und Pflanzen

Ob man seinen Wohnraum mit Zimmerpflanzen gestalten und sich Haustiere halten möchte, bleibt natürlich jedem selbst überlassen. Sie können unser Leben einerseits zwar sehr bereichern, sie sind jedoch auf der anderen Seite aus ihrer artgerechten Umgebung genommen und insbesondere Haustiere in Abhängigkeit und Unfreiheit gebracht worden. Außerdem erfordern sie Pflege und Betreuungsaufwand. Aus diesem Grund habe ich keine Zimmerpflanzen und Haustiere. Allerdings gönne ich mir gelegentlich ein paar Zweige mit Blättern und Blüten.

sind zwei große Lufteintrittsöffnungen ausgespart, die Einlegebretter enthalten Öffnungen, und oben in der Küchenplatte ist ein Luftaustrittsgitter eingelassen. Auf dem unteren Einlegebrett stehen zwei große Körbe mit Gleitkufen und Schienen aus Holz, so dass sie zum Be- und Entladen herausgezogen werden können. Da Obst, Gemüse, Grünblattpflanzen und Avocados stets Energie abgeben, erwärmt sich zwar die Luft ein wenig, wird aber durch die mögliche Strömung nach oben abgeführt. So bleiben alle Produkte mehrere Tage frisch. Grünblattsalate und Wildkräuter werden zusätzlich in lebensmittelgerechten Kunststoffbehältern aufbewahrt, damit sie nicht austrocknen.

Während die anderen Möbel des Ess- und Arbeitsraums aus massivem Fichten- oder Buchenholz bestehen, ist die Küchenplatte aus Ahornholz, das besser Feuchtigkeit vertragen kann. Sie ist zusätzlich aus Klötzen lösungsmittelfrei zusammengeleimt, damit sie sich nicht verzieht. Die meisten Holzflächen sind naturbelassen. Nur die Frontflächen der Küchenschränke, der Ess- und Arbeitstisch und die Küchenplatte wurden eingeölt, damit Handschweiß und Obst- und Gemüsesäfte nicht zu Verfärbungen führen.

Einfach zu reinigen

Durch die Kombination von Ess- und Beratungszimmer kann ich meinen Klienten auch sehr gut meine Rohkostpraxis demonstrieren. Alle drei Zimmer und der kleine Eingangsflur haben Parkettfußboden aus Natureiche, 25 Millimeter dick, im Schiffsverband verlegt, lösungsmittelfrei verleimt und nach Verlegung mit Öl und Wachs eingerieben. Das Parkett ist fußfreundlich und warm, Teppiche und Läufer sind überflüssig. Gereinigt wird mit Besen und Nassmop. Flecken werden mit Wasser, Bürste und grüner Tonerde entfernt. Das relativ große Badezimmer mit Fliesenboden und Fliesenwänden enthält Waschbecken, WC, Badewanne und Dusche. Vor dem Waschbecken liegt ei-

Wohnungen im Zen-Stil sind einfach und formschön eingerichtet. Sie enthalten nur Dinge, die ästhetisch und notwendig sind. Zen-Stil bedeutet auch, sich bewusst zu beschränken. Die Möblierung ist minimalistisch, wodurch ein Ort der Ruhe und Ausgeglichenheit entsteht – das ist besonders in unserer heutigen von Stress und Hektik geprägten Zeit von Bedeutung. Die Philosophie des Zen geht davon aus, dass selbst alltägliche Verrichtungen wie Nahrung zubereiten, Waschen, Baden etc. in angenehmer Umgebung stattfinden sollen.

Bis auf einen Aspekt kann ich diese Philosophie für meine Lebensweise als passend betrachten. Nicht einverstanden bin ich jedoch damit, die praktischen Dinge wie Haushaltsgeräte, Bücher, Kleidung usw. hinter Schranktüren und Stellwänden zu verbergen. Dadurch wird zwar die Ästhetik erhöht, aber die Dinge sind nicht mehr so einfach zugänglich. Um dies zu vermeiden, habe ich meine Bücher und Akten sowie meine Kleidungsstücke in offenen Regalen untergebracht. Nach meiner Lebensanschauung geht Einfachheit auch vor Ästhetik.

ne Fußmatte aus Buchenholz. Anstelle von Geschirr- und Handtüchern in Küche und Bad benutze ich große Küchenkrepprollen. Dadurch entfällt viel Wäsche, und auch Gäste sind dadurch unproblematisch versorgt.

Körperhygiene

Zum Duschen, Waschen und Haarewaschen nehme ich Bürsten und grüne Tonerde. Zum Abtrocknen nach dem Duschen benutze ich natürlich ein normales Handtuch. Generell verwende ich keine Creme, Öl oder Seifen. T-Shirts, Unterwäsche und Socken wasche ich ebenfalls mit grüner Tonerde. Andere Wäsche wie Pullover, Hosen und Jacken fallen selten an, da ich als Rohköstler kaum schwitze oder Hautausscheidungen habe. Im Bedarfsfall gebe ich sie sehr preiswert in eine Wäscherei.

Sich auf das Wesentliche konzentrieren

Wichtig ist, dass man sich von altem Ballast befreit. Nicht mehr verwendete Sportgeräte, Schuhe, Kleider, Möbel, Bestecke, Geschirr usw. sollte man verschenken oder in den Sperrmüll geben. Alte Zeitschriften, Akten und selbst Bücher und Fotoalben sind oft zu entbehren. Man sollte sich grundsätzlich von allem trennen, was man zwei Jahre lang nicht benutzt hat. Neue Gebrauchsgegenstände sollte man nur dann kaufen, wenn man alte dafür aussortiert. Wer sich nicht von Altem trennen kann, ist nicht offen für Neues.

Mein Auto habe ich natürlich schon lange abgeschafft, was eine große Vereinfachung und große Kostenersparnis zur Folge hatte. Laufende Benzin- und Servicekosten, Versicherung, Steuer, Wertverlust, Reparaturen usw. waren ein großer Posten in meinem Budget. Hinzu kam Stress durch Unfallgefahren, Parkplatzprobleme, Diebstahlrisiken usw. Selbst ein Fahrrad bringt Unfall- und Diebstahlrisiken und die Gefahr von Strafbescheiden. Nach meiner Meinung braucht man in der Großstadt weder Auto noch Fahrrad, denn mit den öffentlichen Verkehrsmitteln kommt man überall hin. Allerdings ist es nicht ganz so bequem und hat keinerlei Imagewirkung. Für größere Entfernungen innerhalb Europas nutze ich vor allem aus Gründen des Umweltschutzes die Bahn.

Aktivitäten vereinfachen

Neben diesen materiellen Vereinfachungen sind die Vereinfachungen bei Aktivitäten und Gedankengängen wichtig. Alles, was zu kompliziert und umständlich erscheint, sollte man vermeiden. Sozusagen mit dem Strom des Lebens schwimmen ist immer am besten. Notwendige Entscheidungen zur eingehenden Post treffe ich möglichst sofort. Nichts wird auf die lange Bank geschoben. Dass alle Zahlungen per Abbuchung erfolgen, ist selbstverständlich. Kulturell besuche ich gelegentlich Konzerte, Kunstausstellungen, Dichterlesungen und Vorträge zur persönlichen Weiterentwicklung. Kino, Theater, oder Oper reizen mich nicht. Dafür beteilige ich mich an Bürgeraktivitäten im Stadtteil, z. B. zum Thema »Umweltschutz«.

In meinem Freundes- und Bekanntenkreis suche ich das anregende Gespräch und meide seichte Unterhaltungen so weit wie möglich. Sie stehlen uns nur unsere Zeit. Auch lese ich keine Unterhaltungsliteratur und Illustrierte.

Das Umfeld kritisch untersuchen

Zu einem einfachen Leben gehört auch, dass man lernt, nein zu sagen. Manche Vernissagen, Partys und Empfänge sind nur langweilig, genauso wie groß angekündigte Vorträge oft nur der Selbstdarstellung dienen. Insbesondere die so genannten esoterischen Veranstaltungen sind in der Regel enttäuschend. Allerdings bringt die Begegnung mit anderen Menschen oft überraschende Erkenntnisse, die in gar keinem Zusammenhang mit dem Veranstaltungsthema stehen.

Natürlich nutze ich auch moderne Errungenschaften, die das Leben vereinfachen, wie die Bahncard und Telefonkarten.

Genauso ist es im Urlaub. Man muss nicht jeden Sommer und Winter großen Urlaub machen und schon gar nicht ständig verreisen. Wenn einem der Beruf Spaß macht und man nette Freunde hat, kann es auch zu Hause sehr schön sein. Trotzdem erweitert Reisen in andere Länder beträchtlich den Horizont. Wenn der Beruf nur Stress bringt, sollte man eine Veränderung anstreben. Oft zahlt sich selbst ein geringeres Gehalt für eine Vereinfachung und Erleichterung des Lebens aus.

Auch seine Freundschaften und Partnerschaft sollte man unter die Lupe nehmen. Bringen sie mehr Probleme als Freude, muss man einen grundlegenden Wandel schaffen oder sie beenden.

Im Tao
leben

Der Taoismus, die Lehre
der Weisheit aus dem
alten China, ist eine
Lebensphilosophie, die
nicht schwer zu befolgen
ist, viele Probleme im Alltag löst und für mehr
Lebensqualität sorgt.

Was ist das Tao?

Was ist nun das Tao, dieser Welturgrund? Lao Tse sagt dazu: »Das Tao, das man erklären kann, ist nicht das Tao.« Definieren wir trotzdem das Tao als das Göttliche, das uns umgibt und das in uns und der ganzen belebten und unbelebten Welt steckt. Wir können es auch göttliche Allmacht oder Gott nennen. Alle Weltreligionen kennen diese übergeordnete Kraft, und man kann sie nicht mit dem Verstand begreifen, sondern muss sie intuitiv verstehen.

Die chinesische Lehre des Taoismus wurde etwa 400 v. Chr. schriftlich niedergelegt. Das Werk trägt den Namen »Tao Te King« und wurde von Lao Tse verfasst. Die Schriften von Tschuang Tse sind etwas später entstanden und wurden unter dem Titel »Wahres Buch vom südlichen Blütenland« gesammelt.

Im Verlauf seiner Entwicklungsgeschichte haben sich im Taoismus die unterschiedlichsten Formen ausgeprägt. So sind heute allgemein bekannte und auch häufig praktizierte Entspannungsübungen wie Qi Gong oder Tai Chi ebenso auf den Taoismus zurückzuführen wie Kampfkünste oder sexuelle Praktiken, wie beispielsweise das Tantra.

Kulturübergreifend und immer aktuell

Interessanterweise findet man in vielen großen Kulturen und Religionen Parallelen zu den Grundaussagen der taoistischen Lehre. Das gilt für das antike Griechenland und das antike Rom ebenso wie für das Christentum in seinen Ursprüngen, den Buddhismus oder auch die großen philosophischen und psychologischen Strömungen der Moderne.

Ein kurzer Überblick

Der Taoismus stammt aus China und bezeichnet eigentlich zwei grundverschiedene Dinge. Einmal eine philosophische Lehre, die im 4. und 3. Jahrhundert v. Chr. entstand und deren klassische Bücher von Lao Tse und Tschuang Tse das Tao als den Urgrund der Welt beschreiben. Eine für uns wichtige Aussage ist, dass man nur durch Nichthandeln und sich Fernhalten vom weltlichen Wirken im Einklang mit dem Kosmos bleibt. Das ist die Form des Taoismus, die uns interessiert, die auch in der chinesischen Oberschicht bis heute fortlebt und die sich seit mehreren Jahren zunehmend im Westen ausbreitet.

Der andere Taoismus ist eine Religion in China, die weit in vorchristliche Zeit zurückreicht und mit Göttern, Geistern und Wahrsagerei verbunden ist. Seit dem 2. Jahrhundert n. Chr. gab es dafür feste Kultformen, Gemeinden und Mönche, die oft in Konkurrenz zum gleichzeitig aufkommenden Buddhismus standen. Diese taoistische Religion hatte im 7. Jahrhundert n. Chr. ihren Höhepunkt und ist im heutigen China nur noch vereinzelt lebendig.

Der Zen-Buddhismus

In den USA und in Europa weiter verbreitet ist jedoch der eng mit dem Taoismus verbundene Zen-Buddhismus. Der Zen-Buddhismus ist eine bestimmte Richtung im Buddhismus, die im 6. Jahrhundert von dem Inder Bodhidarma nach China gebracht wurde. Zen heißt Kontemplation, Selbstversenkung und verweist auf die mystische Lehre der buddhistischen Schule der Meditation. Es handelt sich nicht um eine Religion mit Dogma und Glaube, sondern um eine Geisteshaltung, eine Einstellung zum Leben. Zen betont die Erleuchtung auf dem Weg der Erfahrung, das Tun im Hier und Jetzt. Der Zen-Buddhismus weist hierin eine Vielzahl an Parallelen zum philosophischen Taoismus auf, ist jedoch stärker reglementiert und hat nach meiner Meinung nicht die Ursprünglichkeit des Taoismus. Im 13. Jahrhundert kam der Zen-Buddhismus nach Japan und nimmt dort bis heute eine überragende Rolle im Geistesleben ein.

Die japanische Kultur und Gesellschaft ist bis heute nachhaltig vom Zen-Buddhismus geprägt. Hierfür stehen schon einfache Beispiele wie das Blumenstecken oder Teetrinken, das in Japan zur Zeremonie erhoben ist. Der von klaren Formen und Farben geprägte Wohnstil hat in der letzten Zeit auch im Westen immer mehr Freunde gewonnen.

Eine Sache der Vorstellungskraft

Ich persönlich stelle mir das Tao als eine Art intelligentes, elektromagnetisches Feld oder besser noch als Raumstruktur vor, die überall existiert. Wie nach dem Pantheismus die Natur überall um uns herum als Gottheit wirkt.

Technisch übersetzt ist das Tao gleichbedeutend mit einem riesigen Kraftwerk, einem Supercomputer und einem universellen Kommunikationsnetzwerk. Sozusagen ein universumweites Taonet, an dem wir alle angeschlossen sind.

Das Tao gibt uns Lebensenergie, Steuerimpulse und Informationen. Über unser Bewusstsein als Bestandteil des Tao und eine Schnittstelle im Gehirn werden unsere Organfunktionen geregelt und erhalten wir Hinweise, die wir als Intuition wahrnehmen. Dass wir meist nicht auf diese innere Stimme hören, ist ein großer Fehler und die Wurzel unserer ganzen Probleme. Unser Gehirn sollte eigentlich nur als peripherer Personalcomputer Einzelheiten unseres täglichen Lebens planen und als Ego unsere Identität sichern. Leider setzen wir aber das Gehirn für alle Entscheidungen ein und haben uns zumeist ganz vom Tao gelöst.

Im Gegensatz dazu lebten die Urmenschen nach ihrem Instinkt, den Gewohnheiten ihrer Vorfahren und in voller Übereinstimmung mit dem Tao. Dieses Leben im Tao sollten wir wieder anstreben. Hierzu geben uns die Lehren des Taoismus viele Hinweise. Dabei sollten wir natürlich die Möglichkeiten unseres hervorragenden Gehirns für Wissenschaft, Technik usw. weiterhin nutzen.

Ein vom Tao bestimmtes Leben

Die Gesetze des Tao haben einen ausgesprochen positiven Einfluss auf das tägliche Leben. Die heitere Gelassenheit der taoistischen Lebensweise fördert die Gesundheit, die persönliche Ausstrahlung, das Wohlbefinden und damit auch die zwischenmenschlichen Beziehungen. Das Leben wird spürbar leichter. Worin das Geheimnis des Tao liegt, kann man nicht wirklich begreifen, man muss es einfach leben.

Jeder fragt sich irgendwann, wer bin ich überhaupt, was bringt mir überhaupt mein Verstand, mein Bewusstsein?

Verstand und Bewusstsein

Nach meinen Vorstellungen ist mein Körper das sicherste Kennzeichen meiner Existenz. Wichtigster Teil meines Körpers ist das Gehirn mit seinen neuronalen Prozessen. Es empfängt Sinneseindrücke, verarbeitet sie unter Nutzung von Informationen unseres Gedächtnisses, die vornehmlich in so genannten morphogenetischen Feldern (siehe Seite 92) gespeichert sind, und gibt Befehle an Muskeln, Drüsen usw.

Diese Reaktionen sind teilweise spontan und unbewusst, viele laufen aber auch ganz bewusst ab über Denkprozesse. Diese und andere Denkprozesse sind unsere Gedanken bzw. unser Verstand. Dieser kreiert auch unser Ego, das unsere täglichen Handlungen bestimmt und unsere Identität sichert. Tief im Inneren existiert jedoch unser Bewusstsein, mit dem wir uns selbst erleben. Es vermittelt uns das Gefühl unserer Existenz, unser Lebensgefühl. Unser Bewusstsein ist nicht etwa ein Ergebnis unserer Gedanken wie unser Ego, sondern es ist ein Teil des Tao, des allumfassenden Bewusstseins. Und dieses Bewusstsein beeinflusst mehr oder weniger stark auch unsere Prozesse im Gehirn. Nur diese übermächtige Weisheit kann unseren

MITTE: *Mit dem Tao leben heißt einfach leben.*
LINKS: *Das Tao lehrt den Menschen, die Schönheit der Natur neu zu entdecken.*

komplexen Körper steuern, ungeachtet einer vielfältigen Selbstorganisation von Organen und Zellen, welche die Lebensfunktionen gewährleisten.

Auf das Tao vertrauen

Wir wären gut beraten, auch unsere täglichen Entscheidungen mit diesem großen Bewusstsein zu treffen, aber unser Verstand drängt sich vor. Er analysiert, sucht im Gedächtnis, vergleicht mit Altbekanntem und entscheidet nach bereits bewährten Mustern. Nur manchmal, wenn blitzschnelle Reaktionen verlangt werden, oder wenn wir am Ende unserer Weisheit und hilflos sind, entscheiden wir mit dem Tao.

Manche Menschen haben es jedoch geschafft, ihr Ego zurückzudrängen und zunehmend im Tao zu leben. Den Weg zu diesem Leben im Tao möchte ich Ihnen zeigen. Denn umso mehr wir im Tao leben, umso mehr wird unser Bewusstsein davon geprägt. Es erwacht aus seiner kosmischen Neutralität, nimmt Anteil und handelt für uns. Unser Grundgefühl der Existenz wird auch für das Tao ein Erlebnis seiner Existenz. Und diese Übereinstimmung beider Lebensgefühle, dieses Einssein mit dem Tao gibt uns eine außerordentliche Kraft.

Wir brauchen also nicht zu kämpfen, sondern im Vertrauen auf diese Kraft werden wir das für uns Richtige ohne Anstrengungen erreichen. Wenn außerdem unser individuelles Bewusstsein kein Ergebnis unserer Gedanken, unseres Gehirns ist, sondern Teil des Tao, dann vergeht dieses Bewusstsein, dieses Ichgefühl auch nicht mit dem Tod, sondern bleibt mit dem Tao in alle Ewigkeit erhalten.

Ohne Bindungen sein

Das Leben im Tao beginnt damit, sich von allen bestehenden Bindungen zu befreien. Eine Bindung kann einerseits der materielle Besitz sein, wie beispielsweise ein Haus, ein Auto, eine CD-Sammlung, Schmuck usw., andererseits aber auch der emotionale Bezug zu Freunden, Partnern, bestimmten Positionen in der Gesellschaft, im Beruf oder auch im Privatleben.

Zunächst ist das Erkennen dieser Bindungen wichtig. Zuerst sollte alles, was einem lieb und teuer ist, als Bindung aufgefasst werden. Denken Sie ruhig kurz einmal darüber nach. Dadurch, dass Sie sich diese Dinge ins Bewusstsein rufen, haben Sie schon den ersten Schritt zur Befreiung getan. Ab jetzt wird Ihnen das Tao helfen, wenn Sie Ihre Bindungen ernsthaft lösen möchten. Dabei sollten Sie sich durchaus auch von einigen materiellen Dingen oder ideellen Werten trennen. Freunde, Partnerin, Liebhaber o. Ä. muss man natürlich nicht aufgeben, wenn die Freundschaft oder Liebe gegenseitig auf Freiheit und Ungebundenheit basiert.

Frei machen bedeutet nicht, den materiellen Besitz oder die emotionale Bindung aufzugeben, sondern sich von ihnen innerlich zu lösen, sich nicht beeinflussen und festhalten zu lassen oder ihretwegen etwas nicht zu tun, was man eigentlich gern tun möchte.

Morphogenetische Felder

Seit den 1980er Jahren gibt es in der Naturwissenschaft eine neue, ernst zu nehmende These, die besagt, dass es ein »Gedächtnis der Natur« gibt und das, was wir als Naturgesetze zu kennen glauben nicht mehr als Gewohnheiten sind. Wegbereiter dieser in Fachkreisen umstrittenen Idee ist der Naturwissenschaftler und Philosoph Rupert Sheldrake. Nach seinen Erkenntnissen werden Form und Verhalten von Pflanzen, Menschen, Tieren, eigentlich allen organischen und auch anorganischen Materien von so genannten morphischen oder morphogenetischen – d. h. formerzeugenden – Feldern beeinflusst. Gebildet werden diese Felder durch Gewohnheiten der Vergangenheit, die sozusagen im Gedächtnis der Natur für immer festgeschrieben werden und bei Resonanz Gegenwart werden.

Welcher Art diese Felder oder Raumstrukturen sind, bleibt offen, aber sie wirken unverzögert über Raum und Zeit. Ein Buchenschössling etwa nimmt im Lauf seines Wachstums die Gestalt, Struktur und Gewohnheiten an, die für Buchen seit jeher charakteristisch sind. Dies alles über Gene weiterzugeben, erscheint unmöglich. Auch für den Menschen wird bei seiner Zeugung in morphogenetischen Feldern ein Attraktor oder Entwicklungsziel festgelegt. Weiter wird der Mensch durch Gewohnheiten seiner eigenen Vergangenheit und der übrigen Menschen bestimmt. Damit wäre auch erklärt, warum erworbene Eigenschaften an die Nachkommen weitergegeben werden. Somit kann auch der Mensch als schöpferisches Wesen durch neue Ideen morphogenetische Felder beeinflussen oder erzeugen. Er kann damit bedeutsam zur Evolution der Menschheit beitragen. Insgesamt ist also die Schöpfung nicht abgeschlossen, sondern die Welt entwickelt sich weiter.

Diese ganzen Vorstellungen passen sehr gut zu unserem Bild vom Tao. Tao ist die Welt und entwickelt sich mit ihr. Sein Gedächtnis sind die morphogenetischen Felder, die als Basis allen Geschehens selbstorganisierend wirken. Tao ist aber mehr als das. Es initiiert nicht nur morphogenetische Felder, die zu Gewohnheiten werden einschließlich aller Naturgesetze, sondern steht mit allen Lebewesen in direktem Kontakt. Wer im Tao lebt wie Pflanzen, Tiere und einige Menschen, wird die große Kraft des Tao positiv für sich erfahren. Auch unser eigenes Gedächtnis ist ein morphogenetisches Feld, in dem alle Wahrnehmungen und Gedanken unseres Lebens gespeichert werden.

Die Familie

Besondere Beachtung müssen beim Lösen von Bindungen die außerordentlich starken familiären Beziehungen finden. Aus der Familie sollte man sich auf keinen Fall einfach »ausklinken«, da dies für einen selbst und die Familienmitglieder große Probleme zur Folge haben kann. Man kann seine Unabhängigkeit gewinnen, muss aber familiäre Verantwortung weiter wahrnehmen.

Ich schlage vor, die Abhängigkeiten in einer Liste festzuhalten, die täglich durchgegangen, erweitert und von der Abgelöstes gestrichen wird. Und je mehr Bindungen gelöst sind, umso freier werden wir. Dabei sollte aber alles locker und leicht durchgeführt werden. Das Leben im Tao ist nicht mit einem Kampf zu verwechseln, sondern soll eher einer Wanderung in einem sonnigen Tal gleichen.

Ordnungen der Familie

Familienverstrickungen als Auslöser von Krankheiten, Unfällen und frühem Tod treten immer mehr in den Blickpunkt von Therapeuten und Lebensberatern. Wie kommt es aber zu solchen Reaktionen?

Auch hier müssen wir den Blick in die Vergangenheit richten. Millionen von Jahren lebte der frühe Mensch stark eingebunden in der Gemeinschaft der Familie und Sippe. Deren Gewohnheiten wurden in so genannten morphogenetischen Feldern festgeschrieben (siehe Seite 92) und dadurch zu Ordnungen und Gesetzen der Natur. Dabei steht an erster Stelle, dass jedes Familienmitglied ein Recht hat auf Anerkennung und Würde. Verachtung und Ausschluss führen häufig zu schweren Schicksalsschlägen bei Nachkommen bis zur zweiten und dritten Generation.

Wenn ein Mann seine Familienbindung missachtet und Frau und Kinder nicht versorgt, erkrankt oft ein Kind schwer, und der Mann kann keine neue Partnerschaft eingehen.

Das Tao sucht zu jedem Unrecht innerhalb der Familie einen Ausgleich. Eine Lösung für solche Verstrickungen bieten Seminare, in denen Familienaufstellungen ~~nach Bert Hellinger~~ durchgeführt werden. Dabei werden besonders ausgeschlossene Familienmitglieder in den Mittelpunkt gerückt, Verantwortlichkeiten richtig gestellt und Schicksale abgegrenzt.

In vielen Fällen kann jedoch auch ohne Seminar die Einhaltung der Ordnungen der Familie geklärt, eventuelle Verstrickungen aufgedeckt und durch innere Bilder und Rituale eine Lösung herbeigeführt werden. Mit einem natürlichen und einfachen Leben im Tao nähert man sich dem Verhalten der Urmenschen an, die aus ihrem Instinkt bzw. der Intuition gelebt und die Ordnungen der Familie eingehalten haben.

Ich habe häufig als Darsteller bei Familienaufstellungen mitgewirkt und den Einfluss nicht anwesender oder sogar verstorbener Familienmitglieder gespürt. Diese Familienaufstellungen sind für mich ein Beweis für ein unsterbliches individuelles Bewusstsein, das in jedem Menschen ruht.

Familienstellen nach Bert Hellinger

Durch diese wichtige Behandlungsmethode der Psychotherapie kann geklärt werden, wie einzelne Personen mit dem Schicksal anderer Familienmitglieder verbunden sind. Das Familienstellen findet mit einander fremden Personen statt, die jedoch durch die vom Klienten vorgenommene räumliche Verteilung in die Rolle eines bestimmten Familienmitglieds schlüpfen und dessen positive oder negative Gedanken und Gefühle wahrnehmen. Das können Kältegefühle, depressive Verstimmungen und sogar körperliche Schmerzen sein.

Durch das Verändern der jeweiligen Position der Beteiligten wird eine Änderung der jeweiligen Gefühlslage herbeigeführt und somit ein Lösungsansatz für das Problem des Klienten gefunden.

Keine Ziele haben

Der nächste Schritt zu einem Leben im Tao heißt, keine Ziele haben oder frei von Motiven sein. Betrachten Sie einmal, was aus erfüllten Wünschen in der Vergangenheit geworden ist. Meist ist von dem erträumten Glück wenig geblieben. Ausnahmen sind hoffentlich Heirat, Geburt eines Kindes o. Ä. Schon bei der Erfüllung beruflicher Ziele, wie z. B. der Beförderung zum Abteilungsleiter, kommen Zweifel auf, ob sie uns glücklicher gemacht haben. Ganz deutlich wird es bei der Ferienwohnung oder dem Traumauto, die meistens mehr Arbeit als Freude machen. Hören Sie auf, ständig nach mehr zu streben, sondern lernen Sie das anzunehmen, was Ihnen auf Ihrem Weg begegnet.

Das heißt natürlich nicht, dass wir in Zukunft nichts mehr bekommen. Ganz im Gegenteil, finanzielle Erfolge, interessante Ergebnisse und Begegnungen sowie neue Freundschaften werden öfter zu uns kommen, als zuvor. Tao kann nun zu unserem wirklichen Glück tätig werden, es ist nicht mehr blockiert durch kurzsichtige Wünsche unseres Egos. Entscheidend ist, dass die unverlangten Erfüllungen stark befriedigen und oft echte Glücksgefühle hervorrufen.

Das Glück erwarten können

Auch im Berufsleben sollten wir nicht mit Gewalt eine Karriere anstreben und entsprechenden Stress auf uns laden. Gelassen bleiben und Kollegen helfen, statt sie auszustechen. Pausen machen und uns nicht kaputt schinden. Erstaunlicherweise werden wir feststellen, dass wir am Ende auch so sehr erfolgreich sind, einen stabilen finanziellen Rahmen geschaffen haben und vielleicht sogar Abteilungsleiter geworden sind.

Im Hier und Jetzt leben

Eine ganz wichtige Voraussetzung für ein Leben im Tao ist »Im Hier und Jetzt leben«. Sie scheint eigentlich ganz leicht erfüllbar zu sein: »Wenn ich esse, dann esse ich, wenn ich trinke, dann trinke ich, und wenn ich schlafe, dann schlafe ich«, sagte ein Weiser aus China.

Gedankenmuster ausschalten

Ob auch wir das wirklich tun, bezweifle ich. Beispielsweise beim Frühstück denken wir schon an die Fahrt zur Arbeit, während der Fahrt denken wir an die unerledigten Aufgaben im Büro, und am Schreibtisch denken wir an den gestrigen Abend bei Freunden oder an den kommenden Abend in der Stammkneipe. Da unsere Gedanken immer auf Daten aus der Vergangenheit basieren, auch wenn sie die Zukunft planen, leben wir meistens in der Vergangenheit. Nur in Konfliktsituationen werden wir brutal in die Gegenwart gerissen. Oder in der Freizeit, beim Tennisspielen oder beim Klettern am Felsen, in diesen aktiven Momenten leben wir voll im Hier und Jetzt. Und dabei fühlen wir auch,

MITTE: Durch Meditation in sich selbst einkehren und dadurch zu mehr Ruhe und Entspannung finden.

wie fantastisch das ist, wenn wir wahrhaftig im Leben stehen. Wie uns Ungeahntes gelingt und wie wir sehr oft richtig glücklich sind.

Glück im Alltag

Dies sollten wir auf den Alltag übertragen. Wir sollten mit offenen Augen und Ohren durch unsere schöne Welt gehen. Es ist wichtig, achtsam zu sein, d. h. alle Handlungen bewusst auszuführen. Versuchen Sie z. B. als kleine Übung, immer wieder bewusst zu atmen. Greifen Sie aktiv in das Leben ein, sprechen Sie mit fremden Menschen, lassen Sie einen Stein übers Wasser hüpfen, pflücken Sie einige Wildkräuter, um nur einige der zahllosen Möglichkeiten zu nennen. Eigentlich ist es nur unser Ego, das uns ständig in die Vergangenheit zieht, weil es selbst ein Produkt der Vergangenheit ist. Unser wahres Ich, unser ursprüngliches Bewusstsein lebt nur in der Gegenwart. Sie sollten aber auch in der Gegenwart die Welt sehen, wie sie wirklich ist. Anfänglich wird sie uns auch aus dem neuen Blickwinkel eintönig, lieblos, vielleicht sogar grausam erscheinen. Aber sie wird sich durch unsere Achtsamkeit von Tag zu Tag ändern. Die Welt wird zunehmend heller, freundlicher und voll Liebe. Wir setzen selbst Kräfte in Bewegung, die zu unserem Besten wirken und schließlich unsere Situation grundlegend ändern. Dadurch, dass man im Augenblick lebt und spontan handelt, überlassen wir unser Leben der Autorität des Tao, das am besten weiß, was gut für uns ist. Damit werden unsere Gedanken immer unwichtiger, bzw. sie werden auf Aufgaben und Bereiche verwiesen, wo sie benötigt werden. Wenn wir keine Bindungen mehr haben, keine Ziele ansteuern, mit uns und unserem Bild zufrieden sind, können wir gelassen im Hier und Jetzt leben. In uns entstehen Ruhe, Harmonie und Glücksgefühle.

Wenn wir aus dem Tao entscheiden, basieren unsere Entscheidungen nicht auf unserem persönlichen, relativ armseligen Wissen, sondern auf all dem Wissen dieser Welt.

Intuitiv entscheiden

Wer also im Hier und Jetzt lebt, nicht rückwärts erinnert oder vorwärts plant, der kann alle Entscheidungen aus der Intuition heraus treffen. Das ist ein sehr wichtiger Aspekt. Wir horchen in uns hinein, empfangen einen deutlichen, nicht verbalen Impuls und handeln unverzüglich entsprechend.

Die Spontanität dieses Entscheiden nach der inneren Stimme sollten Sie zunehmend in Ihr Leben übernehmen. Dabei braucht man nicht die Verantwortung fürchten und kann gelassen bleiben. Kommt kein klarer Handlungsimpuls, tun Sie einfach gar nichts, warten ab und überlassen alles Weitere dem Tao. Das Tao wird langfristig alles zu Ihrem Besten regeln.

Langsam Vertrauen gewinnen

In der Praxis sollte das intuitive Entscheiden langsam eingeführt werden. Nur dann verlieren Sie eine gewisse Angst, sind sicher und stehen zu Ihren Handlungen. Am besten beginnen Sie mit kleinen Entscheidungen: Soll ich diesen oder jenen Weg gehen, soll ich jemanden anrufen, soll ich ins Kino gehen, usw. Horchen Sie in sich hinein, erfühlen Sie, was Sie gern möchten, und entscheiden Sie entsprechend. Wenn Sie schon mehr Sicherheit gewonnen haben, können Sie auch wichtigere Dinge aus der Intuition entscheiden. Wohin geht der nächste Urlaub, was für ein Auto soll gekauft werden usw. Irgendwann haben Sie dann so viel Vertrauen in Ihre intuitiven Kräfte gewonnen, dass Sie sich auch bei existenziellen Entscheidungen auf Ihre innere Stimme verlassen.

Auf das richtige Gefühl warten

Hier taucht die Frage auf, ob auch im Beruf intuitiv entschieden werden soll. Ich meine, auf jeden Fall! Natürlich müssen erst alle Fakten auf den Tisch, müssen die Vor- und Nachteile dargestellt werden. Aber die endgültige Entscheidung sollte dann nicht nach Punktwerten gefällt werden, sondern aus der Intuition heraus kommen. Eine Hilfe gibt es noch, wenn wir beginnen, spontan aus der Intuition zu entscheiden: Wenn ich keinen sicheren Impuls empfinde und das Gefühl habe, nicht warten zu können, entscheide ich mich einfach für eine Lösung und leite erste diesbezügliche Maßnahmen ein.

Wenn ich dabei ein gutes Gefühl habe, mache ich weiter. Wenn ich aber unsicher und unruhig werde, höre ich auf und horche noch einmal in mich hinein.

Handeln durch Nichthandeln

Wenn Sie gelernt haben, aus der Intuition heraus zu entscheiden, sind Sie bereit, den wichtigsten Aspekt des Lebens im Tao zu erlernen: Wu wei, was so viel bedeutet wie Handeln durch Nichthandeln.

Besonders deutlich wird Wu wei beim Vorgehen zur Lösung von Problemen. Nehmen wir einmal an, Sie haben finanzielle Schwierigkeiten. Dann fangen Sie nicht an, hin und her zu grübeln, wie Sie diese nun am besten aus der Welt schaffen können, sondern Sie sehen sich das Problem nur ganz genau an. Es wird mit höchster Aufmerksamkeit gedreht, gewendet, von allen Seiten betrachtet. Auch registrieren Sie, wenn eigenes Verschulden Ursache des Problems ist. Dann kann das Problem als solches und die damit verbundene Ohnmacht akzeptiert werden, Sie können sich vom Problem lösen und Ihrem Alltag zuwenden.

Durch dieses Nichthandeln, dieses Loslassen werden Blockaden beendet und Aktionen des Tao initiiert. Und unmerklich beginnt die übermächtige Schöpferkraft zu wirken. Entweder erkennen Sie eines Tages, dass das Problem irgendwie gelöst ist, oder es existiert gar nicht mehr. Befreien Sie sich von der Vorstellung, alles kontrollieren zu müssen, und betrachten Sie das Leben vor allem nicht als permanenten Kampf. Das Bild des Lebens als Fluss, dem wir uns anvertrauen, symbolisiert, wie wenig notwendig es ist, sich immer anzustrengen und dadurch wertvolle Lebensenergie zu verschwenden, denn der Fluss, genauso wie das Leben, fließt von ganz allein weiter. Allerdings kann es auch sein, dass Ihre innere Stimme Ihnen sagt, dass Sie einen Beitrag leisten sollen. In den meisten Fällen löst sich aber alles ohne unser Zutun wie von selbst.

Wu wei

Der Begriff »Wu wei« stammt aus dem Chinesischen und bedeutet so viel wie Nichtstun oder Nichthandeln. Theo Fischer hat hieraus eine praktische Lebensphilosophie entwickelt, die inzwischen für viele Menschen wegweisend geworden ist.

Seine von mir besuchten Seminare haben mir wertvolle Anregungen für meine eigene Arbeit als Lebens- und Ernährungsberater gegeben. Sein jüngstes Buch trägt den Titel »Lass dich vom Tao leben«, Rowohlt-Verlag, 2000.

Diese Vorgehen wird aber nicht nur zur Problemlösung angewendet, sondern das ganze Leben wird daran orientiert. Im Normalfall kann man ohne Entscheidungen, ohne besonderes Handeln auskommen. Wir haben keine Wünsche, keine Ziel und jeder ist zufrieden mit dem, was er hat und ist.

Die Kunst des Geschehenlassens

Außer Lebensmitteln müssen wir normalerweise nichts einkaufen, die Arbeit ist Routine, auch Freizeit und Feierabend laufen wie gewohnt. Dieses Nichthandeln lässt dann auch im normalen Leben tatkräftige Aktionen des Tao zu. Unerwartete Ereignisse treten auf, wir lernen interessante Menschen kennen und erhalten neue, ungeahnte Chancen. In diesem Zustand kommen letztlich dann auch Impulse für eigene Handlungen.

Auch in das Leben anderer Menschen soll man sich nicht einmischen. Lassen Sie die erwachsenen Kinder ruhig tun, was sie für richtig halten. Natürlich registrieren Sie, wenn sie Fehler machen, Sie halten sich aber zurück. Das Erkennen und Akzeptieren der eigenen Ohnmacht sowie das Vertrauen auf das Tao bringen auch hier eine Wende. Schwierigkeiten lösen sich plötzlich wie von allein, man freut sich gemeinsam und dankt der göttlichen Allmacht.

Wenn Sie so vorgehen, werden Sie schnell erkennen, wie einfach sich das Leben mit der Kraft des Tao positiv gestalten lässt.

Sich mit allem verbunden fühlen

Zum Leben im Tao gehört auch unbedingt, sich mit allem verbunden zu fühlen. Sowohl die Lehrer des Taoismus als auch die des Zen-Buddhismus verkünden, dass die ganze Welt um uns herum untrennbar mit uns verbunden ist. Sie ist Teil unseres Selbst. Alle Menschen, Tiere und Pflanzen verspüren das gleiche große Bewusstsein. Aber auch in den Kristallen, Sandkörnern und Wassertropfen steckt das Tao. Wir Menschen haben dazu noch unseren hochentwickelten Verstand, der unser Ego erzeugt, unser zweites Bewusstsein. Leider gewinnt es wahrscheinlich seit der jüngeren Steinzeit mit dem Modernen Menschen immer mehr die Oberhand, so dass unser eigentliches Bewusstsein weniger in Erscheinung tritt. Dadurch werden wir aber auch individualisiert und verlieren die Verbindung zu den Mitlebewesen und zur Umwelt. Wir leben nicht mehr natürlich, ziehen einen Zaun um unser Anwesen und streiten

MITTE: *Vertrauen auf das Tao ist alles, was wir brauchen, um uns im Fluss des Lebens treiben zu lassen.*

uns mit den Nachbarn, es herrscht Ungerechtigkeit und Krieg auf der Welt. Diese Trennung von den Mitlebewesen wird also sofort bestraft durch Verletzungen, Krankheiten und Tod.

Leben im Tao heißt aber, wieder die übrige Welt als Teil von uns zu sehen und sie zu lieben. Um uns herum sind intelligente Lebewesen, nämlich andere Menschen, Tiere und Pflanzen. Sie haben das gleiche Bewusstsein wie wir und sind voller Liebe. Keiner dürfte dem anderen Böses antun, denn damit trifft er sich selbst. Wir müssen wieder lernen, die uns unmittelbar umgebende Natur, die Bäume, Büsche, Vögel und Schmetterlinge mit uns verbunden zu sehen. Fühlen wir mit dem Baum dankbar den Regen und genießen mit der Rose die Strahlen der Sonne. Mehr und mehr werden wir durch das Gefühl der Verbundenheit Zusammengehörigkeit lernen, eine echte Erweiterung unserer Persönlichkeit erleben, ohne dabei unsere Fähigkeit als kreatives Einzelwesen zu verlieren. Und Liebe zu den Mitmenschen und der ganzen Welt wird zum entscheidenden Punkt in unserem Leben.

Nicht aus der Realität fliehen

Wichtig beim Leben im Tao ist es auch, sich dem Schicksal zu stellen und es anzunehmen. Aber nicht als Fatalist, sondern nüchtern, ehrlich und guten Mutes, dass am Ende das Tao alles gut richten wird. Allerdings muss die Situation tatsächlich auch kritisch und realistisch betrachtet werden. Erst dann kann das Tao eingreifen. Es schützt bei Unfällen, hilft bei Examen und wendet eine Lebenskrise zum Guten. Wer dieser Intelligenz wirklich freie Bahn gibt, wird seinen Körper, sein Umfeld und seine ganze Lebenssituation fantastisch harmonisieren.

Mit diesem Wissen können Sie Ihr ganzes Leben ziemlich gelassen betrachten. Sie stehen den Umständen nicht ohnmächtig gegenüber, vielmehr ruht in Ihnen ein Kräftepotenzial, das alles zum Guten wenden kann. Damit besteht kein Grund mehr, der Realität zu entfliehen. Trotzdem tun es viele Menschen immer wieder, manchmal auch ohne es zu wissen.

Viele Hobbys beispielsweise sind nichts als eine Flucht vor dem Leben. Nur wenn uns das Hobby bei der Ausübung immer wieder uneingeschränkte Freude bringt, ist es keine Flucht.

Suchtmittel sind Fluchtmittel

Alle Suchtmittel wie Kaffee, Tee, Tabak, Alkohol und natürlich Drogen wie Kokain, Haschisch oder Heroin sind sehr schnell wirkende Mittel zur Realitätsflucht. Zudem zerstören gerade die letztgenannten die Persönlichkeit. Allerdings beeinflussen auch Kaffee, Tee und Tabak im Übermaß genossen unsere neuronalen Prozesse und sind selbstverständlich ungesund. Der angebliche Genuss dieser Suchtmittel hat seinen Ursprung in der Unfähigkeit des Süchtigen, mit der Realität zurechtzukommen. Dass Suchtmittel kreativer machen, ungeahnte Potenziale freilegen usw. ist schlichtweg falsch.

Ablenkung vom eigentlichen Kern

Weniger offensichtliche Fluchtwege sind Medien wie Radio oder Fernsehen, Zeitungen und auch Bücher. Auch das Essen, insbesondere die vielfältige Kochkost, ist oft ein verdeckter Fluchtweg. Gleiches gilt für alle Arten von Liebhabereien, wie beispielsweise Blumenzucht, Kleingärtnerei, Haustierhaltung, die vielen Sammlerleidenschaften und die sich permanent verändernden Sportarten.

Viele Menschen flüchten sich auch in verschiedene Glaubensrichtungen und religiöse Gruppierungen. Auch die Esoterik mit ihren unterschiedlichsten Spielarten ist nichts weiter als eine Möglichkeit zur Verdrängung der Realität.

Auch Krankheiten und Liebesbeziehungen sind eine Form der Flucht. Eine Partnerschaft sollte keine Flucht vor der Einsamkeit sein, sondern Gernhaben und Verstehen ohne Wünsche. Richtige Liebe gibt es eigentlich nur aus unserem wahren Bewusstsein, aus dem Tao.

»Aktion gleich Reaktion«

Mit diesem Sprichwort wird man direkt oder indirekt immer wieder auch im täglichen Leben konfrontiert. Hierauf verweist insbesondere René Egli. Denn wenn man anderen Menschen freundlich und aufmerksam begegnet, wird man meist ebenfalls freundlich behandelt. Ist man dagegen unfreundlich, schroff oder gar gewalttätig, wird man auch auf Feindschaft und Gewalt stoßen. Wenn man schlecht über andere denkt oder ihnen sogar Böses wünscht, kommt dieses Negative auf irgendeine Art auf einen selbst zurück. Meistens geschieht das in einem ganz anderen Zusammenhang und quasi hinterrücks. Aus diesem Grund sollte man den Mitmenschen und der ganzen Welt positiv gegenüberstehen.

Wenn ich das Leben für erfreulich halte, wird das Leben mir auch Freude bringen. Die Welt ist so, wie man sie sich vorstellt. Wünsche ich anderen Gesundheit und Glück, steigen auch meine Chancen, gesund und glücklich leben zu können. Wenn ich Böses vollbringe, kann ich auch nur Böses erfahren. Das Tao sucht immer einen Ausgleich. Interessant ist, dass innerhalb einer Familie oft alle Mitglieder betroffen sind. Die Geborgenheit und Fürsorge durch die Familie müssen wir anscheinend mit einer Art Sippenhaftung bezahlen. Abgesehen davon büße ich das, was ich selbst verschuldet habe, sozusagen als mein Karma. Aber nicht in einem eventuellen späteren Leben, sondern direkt in diesem Dasein.

Eine positive Einstellung

Wichtig ist auch, dass man überhaupt das Böse nicht durch große Aufmerksamkeit verstärkt. Wer ständig davon redet und schreibt, wie schlecht die Welt ist, in welchem Maß Kriege und Gewaltverbrechen überall zunehmen, Atomkraftwerke unsere Natur zer-

▶ Eine erfüllte Sexualität trägt ohne Zweifel vieles bei zu einem Leben in Gelassenheit und Glück. Allerdings sollte sie verbunden sein mit Liebe und Verantwortungsgefühl. Leider tritt heute sexuelle Begierde ohne diese Voraussetzungen verstärkt auf, und nicht zuletzt wird dieses Verlangen auch durch die immer freizügigeren Darstellungen in den Medien geschürt, derer man sich kaum entziehen kann. Man wird sogar auf der Straße von Litfasssäulen und Plakatwänden herunter mit Reizen überflutet. Sexualität wird heute also mehr konsumiert, als tatsächlich in ihrer spirituellen Bedeutung als Vereinigung von Körper und Seele praktiziert.

▶ Ich bin der Meinung, dass dies insbesondere eine Folge der falschen Ernährung ist. Bei Verzehr von Kochkost, besonders von gebratenem Fleisch, Süßspeisen und Genussmitteln wie Alkohol, Nikotin und Koffein werden unsere Nerven durch so genannte Maillard-Moleküle und andere Gifte stark übererregt, so dass sexueller Genuss auch ohne den Energieaustausch durch Liebe möglich wird. Allerdings bleiben den Menschen die spirituellen Früchte des Liebesakts vorenthalten, und es stellt sich ein Gefühl von Leere und verpassten Chancen ein.

▶ Ganz anders ist es bei Rohköstlern. Sexuelle Erregung tritt normalerweise nur in Verbindung mit echter Zuneigung und Liebe auf. Der Liebesakt oder auch nur Zärtlichkeit oder liebevolle Berührungen ergeben starke Gefühle, die beide Partner in höhere spirituelle Verfassung bringen. Spontan entsteht eine starke Verbindung zum Tao, die ungeahnte Kräfte freisetzt. Die Gedanken werden glasklar, man erkennt verborgene Zusammenhänge und hat sogar Visionen.

▶ Auf diese tief empfundene, spirituelle Ebene der Liebe lassen sich viele überraschende Ereignisse zurückführen, die einem im täglichen Leben begegnen. Man spricht dann von so genannten Synchronizitäten. Beispielsweise trifft man Bekannte aus der Vergangenheit überraschend wieder, findet verloren geglaubte Gegenstände oder wird von Unglücksfällen im letzten Augenblick verschont. Manchmal sieht man auch Dinge voraus, ohne sie als Vision wahrzunehmen. Man wundert sich später nur, dass sich bestimmte Ereignisse anscheinend wiederholen. Auf solche Dinge sollte man verstärkt achten, da sie uns im Leben führen und schützen können.

▶ So wie die Kochkost zu Pseudogenuss in der Sexualität führt, bringt sie auch Pseudogenuss beim Essen selbst. Der Mensch empfindet beim Essen fast immer ein Lustgefühl und meint etwas zu genießen, ohne den wahren Genuss tatsächlich zu bekommen. Und er bekommt auch nicht die wahre Gesundheit, die mit der Rohkost verbunden ist. Wer jedoch Rohkost isst und wahre Liebe findet, erreicht echten Essensgenuss und eine erfüllte Sexualität.

stören und wir selbst an der verseuchten Umwelt zugrunde gehen, unterstützt diese Tendenzen noch. Gleiches gilt für die allgemein bekannten Verschwörungstheorien, dass Konzerne, Banken, Geheimlogen und obskure Kapitalverbindungen die Weltherrschaft anstreben. Oder dass Kriege allein von den Waffenproduzenten angezettelt werden und immer noch zunehmen. Im Gegenteil sollten wir uns freuen, dass der Kalte Krieg beendet ist, Europa mit einer einheitlichen Währung erste Schritte unternimmt, um weiter zusammenzuwachsen und die Demokratie an vielen Stellen endlich die Gewaltherrschaft ablöst.

Natürlich erzeugen religiöse Verblendung, extremer Nationalismus und wirtschaftlicher Egoismus immer noch Kriege, Terror und Folter. Noch immer werden Völker unterdrückt und in Unfreiheit gehalten. Aber gerade dort gibt es zunehmend Bestrebungen nach Freiheit und Demokratie, und diese positiven Bestrebungen sollten es sein, die man zum Thema macht. Auch Hunger und Elend sind noch vorhanden. Hier kann unser Vorbild vielleicht auch zur Aufklärung beitragen und die Menschen dahingehend bestärken, wieder zu einer natürlichen Lebensweise zurückzufinden und nicht nach falschen Werten zu streben, wie sie sich in der westlichen Zivilisation in vielerlei Hinsicht manifestiert haben.

Dankbar sein

Wenn man sich über das Leben freut und jeden Augenblick genießen kann, sollte man Tao sehr dankbar sein. Besondere Dankbarkeit ist nach einem Unglücksfall oder einer überstandenen Katastrophe angezeigt.

Ich z. B. betrachte mein jetziges Leben nach meinem schweren Kletterunfall als Gnade. Die nachhaltige Genesung, mein Berufsende mit auskömmlicher Rente, mein Neuanfang als Gesundheits- und Ernäh-

Zu einer positiven Lebenseinstellung finden

Mit einer optimistischen Einstellung zum Leben und zu sich selbst kann man aus jeder noch so scheinbar ausweglosen Situation das Beste machen und sie so mit der Kraft seiner positiven Gedanken auch zum Guten wenden. Akzeptieren Sie sich selbst und andere mitsamt ihrer Fehler und Schwächen, und lernen Sie, sich selbst und anderen Fehler und Schwächen zu verzeihen. Auch wenn es Dinge gibt, die Ihnen Angst machen, ist es besser, sich diese bewusst zu machen und sich diesen Ängsten zu stellen, um zu erkennen, dass sich mit Hilfe des Tao alles Beängstigende auflöst.

rungsberater, die vielen Klienten in Sprechstunden und Gesprächskreisen usw. machen mich glücklich. Obwohl mir mein Ego sagen könnte, dass ich durch geschicktes Verhalten, meine gesunde Ernährung, Körpertraining usw. eigentlich selbst alles erreicht habe, bin ich anderer Meinung. Entscheidend war das Eingreifen von Tao, der göttlichen Allmacht, ohne sie wäre ich nicht so weit gekommen, ihr bin ich dankbar. Natürlich bin ich auch den Menschen dankbar, die mir geholfen haben. Den Ärzten, meiner Familie, meiner Freundin usw.

Dankbar sollte man aber auch im normalen Leben sein. Den Verkäuferinnen des Bioladens, wo ich mein Gemüse bekomme, der Bedienung im Stammcafé, die mir mein Wasser bringt, und allen anderen Menschen, die uns im täglichen Leben Gutes tun. Wer diese Dankbarkeit nicht hat und glaubt, alles allein geschafft zu haben, und keiner göttlichen Allmacht den Haupteinfluss einräumt, wird bald Schiffbruch erleiden. Daher sollte man das Leben akzeptieren, wie es ist, und dem Tao dafür danken.

Nicht einmischen

Eine ganz andere, aber ebenso wichtige Regel für ein stressfreies Leben ist, sich nicht in die Angelegenheiten und in die Lebensweise anderer Leute einzumischen. Wer die Prinzipien des Taoismus für sich als richtig befindet und sein Leben danach ausrichtet, muss deswegen nicht versuchen, andere Menschen dazu zu bekehren. Im Tao leben heißt, die Ansichten und Lebensformen anderer zu akzeptieren und zu achten, auch wenn sie nicht mit den eigenen übereinstimmen.

Schließlich geht es als Erstes und Einziges darum, seine eigenen Dinge in Ordnung zu bringen. Was der andere macht und tut, dafür ist nur er verantwortlich. Wenn er ungesund leben will, soll er das tun. Wenn er andauernd sein Handy benutzt, ist das auch seine Sache. Genauso wenn er raucht, es steht jedem frei, den Platz zu wechseln.

Erziehungsfragen

Schon gar nicht mischen wir uns in die Kindererziehung oder die normalen Lebensgewohnheiten unserer Mitmenschen ein. Jeder hat genügend bei sich selbst zu verbessern: Lebe ich vollkommen gesund, erziehe ich meine Kinder richtig, rede ich mit Freunden in der U-Bahn angemessen leise?

Etwas einmischen müssen wir uns bei unseren Kindern, Schülern und beruflichen Mitarbeitern. Aber alles muss auf relevante Bereiche beschränkt bleiben. Bei Mitarbeitern auf berufliche notwendige Anweisungen, bei Schülern auf den Lehrstoff und das Verhalten im Unterricht und bei den Kindern auf das unbedingt Notwendige für die Erziehung. Also nicht einmischen in ihr Spielverhalten, was sie anziehen, wie lang ihre Haa-

Auch bei der Rohkost und beim Körpertraining kann man nur Vorbild sein. Wenn die eigenen Kinder Rohkost ablehnen, sollte man ihnen aber doch Obst, Salate und leicht gedünstete Gemüse hinstellen. Und für Fastfood müssen sie, wenn es denn unbedingt sein muss, ihr Taschengeld opfern.

re sind und was sie lesen. Man sollte bei der Ernährung, bei der Kleidung und Haarlänge, beim ganzen Verhalten ausschließlich Vorbild sein. Und wenn die Kinder ihre Haare nicht schneiden lassen, Colagetränke trinken, Pommes essen und Comics lesen wollen, dann sollen sie dies eben tun. Nur wenn sie sich und andere deutlich schädigen, muss man natürlich eingreifen.

> *Ein wesentliches Merkmal des Umgangs mit anderen Menschen im Taoismus ist die Sanftheit und Güte. Das bedeutet, sie weder körperlich noch seelisch zu verletzen, sie nicht zu manipulieren, zu verurteilen oder ihnen die eigene Meinung aufzudrängen.*

Die Würde aller Lebewesen achten

Bei den Menschenrechten heißt es an erster Stelle: »Die Würde des Menschen ist unantastbar.« Jeder muss also geachtet werden, darf nicht ausgeschlossen, diffamiert und herabgewürdigt werden. Er darf nicht sein Gesicht verlieren, wie es in Japan heißt.

Für mich war erstaunlich, dass sich beim Familienstellen nach Bert Hellinger (siehe auch Seite 94) immer wieder zeigte, dass Nichtanerkennen, Ausschließen und Würdeverletzung in einer Familie unausweichlich zu Verstrickungen in den Folgegenerationen führt. Wird ein Alkoholiker oder Verbrecher von den anderen Familienmitgliedern ausgeschlossen, gibt es häufig Unglücksfälle bei deren Kindern. Anscheinend bestraft das Familienbewusstsein eine solche, der Einheit und dem Überleben der Familie schädigende Haltung.

Achtung vor den Tieren

Im Kampf ums Überleben im Dschungel, oder aus Hunger ein Tier zu töten, verletzt nicht seine Würde. Aber tausende von Rindern in Schlachthöfen unter entwürdigenden Umständen zu töten, heißt Missachtung ihrer Grundrechte. Wie man aktuell anhand von BSE und MKS gut erkennen kann, müssen alle Menschen dafür büßen. Krankheiten, aber auch Verbrechen und Kriege können Folgen sein.

Auch im täglichen Leben sollte man den Tieren ihre Würde lassen. Das gilt für alle Haustiere, aber auch für Mäuse, Ratten, Spinnen oder Fliegen. Eine Wespe, die sich ins Zimmer verirrt hat, lasse ich durchs Fenster raus. Unzählige Insekten sterben am Autokühler, hier sollte man Abweiser vorsehen. Ganz allgemein im Verhältnis zwischen Menschen untereinander und zu Tieren gilt das alte, aber nach wie vor gültige Sprichwort: »Was du nicht willst, dass man dir tu, das füge keinem anderen zu.«

Sich und andere lieben

Alle Religionsstifter haben die Liebe besonders herausgestellt. »Liebe deinen Nächsten wie dich selbst«, so steht diese wichtige Aufforderung beispielsweise in der Bibel geschrieben.

Voraussetzung ist jedoch, zuerst sich selbst zu lieben. Sonst ist keine Nächstenliebe möglich. Wer sich nicht selbst liebt, kann auch keine anderen lieben, kann die ganze mit ihm verbundene Welt nicht lieben. Dann werden ihn auch die anderen nicht lieben. Aber wer sich und die anderen liebt, die Tiere, die Bäume und die ganze Welt, dem wird auch Liebe entgegengebracht. Und mit Liebe lassen sich viele Probleme lösen. Feindliche Nachbarn werden durch Liebe zu Freunden, Scheidungskriege werden durch Liebe zu einvernehmlichen Trennungen, Erbstreitigkeiten werden durch Liebe und gegenseitige Achtung zu fairen Verhandlungen.

Die Bedingungslosigkeit der Liebe

Dabei darf die Liebe nicht an Bedingungen geknüpft werden. Sie darf kein Wohlverhalten, keine Gegenliebe voraussetzen. Ich glaube, dass die Liebe zum Leben am wichtigsten ist. Wer das Leben liebt, wird vom Leben geliebt. Er erhält Glück, Gesundheit und vielleicht ein langes Leben geschenkt.

Zur Liebe gehört aber immer auch Mitgefühl. Das Mitgefühl ist die Kraft, ohne die keine Liebe möglich ist. Wer mit anderen fühlt, nimmt sich selbst zurück und konzentriert sich auf seine Umwelt. Dabei geht es nicht darum, das eigene Selbstwertgefühl zu steigern, indem man sich sagen kann, was

MITTE UND LINKS: *Mit der Liebe ist es wie mit der Schönheit des Einfachen. Wer krampfhaft danach sucht, wird sie nicht finden.*

für ein guter Mensch man doch sei, oder das schlechte Gewissen zu beruhigen, indem man anderen hilft, weil man eine Verpflichtung dazu verspürt. Mitgefühl bedeutet, dem anderen Freiraum und vor allem seine Würde zu lassen.

Im Fluss leben

Viele Menschen lassen sich im Strom des Alltags treiben. Konsumieren, gehen Essen, hören Musik usw. wie jeder andere auch. Sie entfalten keine eigene Initiative, wollen nicht auffallen, machen alles mit und passen sich an. Auch dieses wird oft »im Fluss leben« genannt, ist aber nicht das, was hier gemeint ist.

Was ich möchte, ist ein aktives »im Fluss leben«. So wie der Schiffer mit der Strömung fährt, Felsen umrundet und nicht durch verzweifeltes Rudern gegen den Strom zu schwimmen versucht. Der Fluss wird ihn an das richtige Ziel bringen und ihn dann auch sanft ans Ufer setzen. Wer im Tao lebt, geht mit dem Tao, überlässt dem Tao das Handeln, wird vom Tao gelebt. Wenn eigene Aktivitäten notwendig sind, erhält man zum gegebenen Zeitpunkt den Anstoß und handelt.

Dieses Treibenlassen, dieses Lebenlassen ist keine Passivität, sondern intelligentes und ökonomisches Leben. Wenn man auf diese Weise lebt, braucht man nicht ständig zu planen, zu vergleichen und in der Vergangenheit oder Zukunft zu leben. Man lebt vor allem gelassen in der Gegenwart.

Im Fluss leben heißt auch loslassen, zu akzeptieren, dass Vergangenes vergangen ist, und sich voller Vertrauen mit dem Strom weitertreiben zu lassen.

> *Im Fluss leben bedeutet auch, sich von dem Gedanken zu befreien, alles im Griff haben zu müssen. Denn die Kontrolle über etwas vermittelt nur eine scheinbare Sicherheit. Haben Sie den Mut, loszulassen und sich dem Leben anzuvertrauen.*

Weniger Risiken eingehen

Man kann im Leben mit aller Macht nach Vergnügen und Genuss streben. Höchste Priorität haben dann Lustgefühle, sei es durch berufliche Erfolge, sportliche Höchstleistungen, finanzielle Gewinne, opulente Mahlzeiten, Genussmittel, Erfolge beim anderen Geschlecht o. Ä. Für diese Ziele wendet man viel Zeit und Kraft auf und geht häufig Risiken ein.

Die Folgen sind häufig Rückschläge, Unfälle, Kummer und Leid. Mancher scheitert vollkommen, und nur wenige erreichen tatsächlich auch ihr Ziel. Ob sich dann das erwünschte Lustgefühl einstellt, ist zu bezweifeln, und wenn, ist der Genuss meistens nur von kurzer Dauer.

Die richtigen Prioritäten setzen

Man kann aber auch einen anderen Weg wählen. Indem man weniger versucht, Vergnügen und Lust zu erreichen, sondern eher danach strebt, Kummer, Leid und Schmerzen zu vermeiden. Das kann gelingen, indem man weniger Risiken eingeht, in seiner emotionalen Mitte bleibt und sich dem Fluss des Lebens anvertraut. Finanziell haben meist die ganz Armen und die ganz Reichen die größten Sorgen. Der Mittelschicht geht es im Allgemeinen am besten. Wer nicht den Südpol erobert, hat vielleicht kein Hochgefühl am Ziel, aber auch nicht jahrzehntelang Schmerzen an erfrorenen Zehen. Kurze Augenblicke des Glücks werden oft sehr teuer erkauft.

Grundsätzlich sollte man stets gut zwischen Risiko und dem möglichen Gewinn abwägen, denn nicht immer ist das Risiko die mögliche Gefahr auch tatsächlich wert. Durch meine eigenen schmerzhaften Erfahrungen habe ich auch gelernt, weniger Risiken einzugehen. So vermeide ich inzwischen Extremsportarten, fahre kein Auto, fliege nicht und lasse sogar meist auch das Fahrrad im Keller stehen.

Aber auch Risiken im Beruf, bei menschlichen Begegnungen, Geldanlagen usw. vermeide ich mehr und mehr. Dadurch gibt es vielleicht weniger Höhepunkte im Leben, aber auch weniger Katastrophen. Das Leben verläuft in ruhigen Bahnen und ermöglicht es einem so, das innere Gleichgewicht und die eigene Mitte zu finden. Insgesamt bleibt man nach meinen Erfahrungen auf der Seite der Gewinner, wenn man Genüsse opfert, um Schmerzen zu entgehen.

Überfluss vermeiden

Ein freies und leichtes Leben zu führen ist nur dann möglich, wenn man sich von all dem überflüssigen Ballast befreit, der sich jeden Tag aufs Neue ansammelt. Das kann bereits bei einem endlich entrümpelten Keller beginnen oder einfach auch Gegenstände betreffen, die schon lange nicht mehr benötigt werden, aber viel Platz beanspruchen, Dinge, die man selbst nicht mehr verwendet, die einem anderen aber vielleicht noch nützlich sein können.

Sich von materiellen Dingen zu trennen ist natürlich auch eine Form des Loslassenkönnens. Gegen Besitz ist grundsätzlich nichts einzuwenden, wenn man von dem, was man besitzt und von dem Streben danach nicht abhängig ist und sich davon nicht in seinen Handlungen leiten lässt. Im Entsagen von materiellen Dingen, Träumen und persönlichen Bindungen liegt, was viele Menschen überrascht, auch eine große Befriedigung. Wenn wir freiwillig loslassen, dann entgeht uns nichts, weil alles von allein zu uns kommt.

Der Weg des Tao führt also nicht in den Überfluss, sondern in die Klarheit der Leere. Hier hat der Geist genügend Raum, um sich zu entfalten, und der Mensch kann sein wahres Wesen erkennen. Sich selbst treu zu bleiben und sich auf das Wesentliche zu beschränken sind wichtige Schritte in der taoistischen Lehre. Es geht nicht darum, nach dem, was nicht ist, zu streben, sondern das, was ist, als gut zu erkennen und für sich anzunehmen.

Spiritualität und Meditation

Spiritualität im menschlichen Leben ist etwas, das über den normalen Alltag mit seinen täglich wiederkehrenden Aufgaben weit hinaus geht. Sie bringt uns dem göttlichen Ursprung näher. Und dies ist genau das, was uns das Leben im Tao vermitteln will. Bereits mit einer relativ unvollständigen Praxis können wir uns spirituell öffnen und somit spirituelle Erfahrungen sammeln. Hauptsache, wir leben weitgehend in der Gegenwart, haben die meisten Bindungen abgelegt und wollen nichts erreichen. So kommen wir zunehmend unserem wahren Bewusstsein und damit dem Tao näher.

Im Taoismus spielt die Meditation eine sehr wichtige Rolle, denn sie ist der effektivste Weg, um zu Gelassenheit und innerer Ruhe zu gelangen und vollkommen im Hier und Jetzt zu leben. Zudem ist die Meditation ein Weg zur Erkenntnis und zur Selbsterkenntnis. Sie hilft, das Wesentliche in uns zu erkennen und den Blick für unsere Umwelt zu klären.

Meditation stärkt die Lebensenergie

Um zu meditieren, braucht man eigentlich überhaupt keine Methode. In unserer westlichen Kultur haben jedoch die unterschiedlichsten Meditationsübungen einen sehr hohen Grad an Bekanntheit erlangt. Der Zen-Buddhismus gibt beispielsweise bestimmte Übungen vor, die Zazen genannt werden und welche die klassische Form der Zen-Praxis bilden.

Das Leben im Tao kennt dagegen keine Übungen, Regeln oder Vorschriften, die nur neue Abhängigkeiten brächten. Wer das Tao richtig lebt, kommt ganz von selbst zu einem Leben von neuer, höherer Qualität. Man fühlt sich integriert in die ganze Welt, hat Einblick in die Beschaffenheit des Kosmos und versteht Leben und Tod. Zugunsten der Intuition geht das Denken in seiner bisherigen Form stark zurück, wobei man natürlich zur Arbeit seine Gedanken und gelernten Fertigkeiten weiterhin benötigt. Doch es gibt eine Art der Meditation, bei der man sich ohne Regeln einfach hinsetzt und eine Weile wie eine Katze in Ruhe verharrt. Man ist nur stiller Beobachter seiner eigenen Innenwelt und bleibt absolut untätig. Die Gedanken verschwinden irgendwann, und man gewinnt unbemerkt neue Energie und ein neues Verständnis jenseits von allem rationalen Denken.

Gute Gründe für das Meditieren gibt es genügend. Es entspannt, stärkt die Gesundheit und schenkt mehr Lebensenergie. Wer regelmäßig meditiert, wird zu einer völlig neuen Sichtweise der Dinge gelangen und eingefahrene Denkmuster durchbrechen. Dabei ist es wichtig, dass man bei der Meditation von der göttlichen Allmacht nichts erwartet. Wir akzeptieren gelassen unser Schicksal, pflegen eine vollkommen ruhige und entspannte Haltung, lassen uns nicht

UNTEN: *Tempel wie der Chedi Luang in Chiang Mai Wat (Thailand) sind im Buddhismus ebenso Orte der Lehre wie des Gebets.*

von negativen, belastenden Gedanken und Gefühlen beeinflussen. Damit wird uns das Leben gelingen.

Einige Hinweise zur Meditation

Es gibt einige Grundsätze, welche insbesondere Anfänger bei einer Meditation beachten sollten:

▶ Die Meditation darf für Sie nicht anstrengend sein, es geht um die Entspannung, das Loslassen. Eine Meditation können Sie also nicht mit dem Willen steuern oder sogar herbeizwingen.

▶ Sie sollen bei der Vorbereitung und bei der Meditation selbst heiter und gelassen bleiben. Befreien Sie sich von falschem Ehrgeiz, die Meditation kommt zu Ihnen, wenn Sie bereit dazu sind.

▶ Die äußeren Voraussetzungen sollten möglichst ideal sein. Suchen Sie sich einen ruhigen Platz, vielleicht in der freien Natur. Störungsquellen sollte man möglichst von vornherein ausschalten. Tragen Sie lockere, bequeme Kleidung.

▶ Die Haltung ist wichtig. Egal ist dabei, ob Sie im Fersen-, Lotus- oder Schneidersitz bzw. auf einem Stuhl sitzen. Es geht darum, den freien Atem und die Lebensenergie nicht zu blockieren und den eigenen Körper deutlich zu spüren.

Die Lebensenergie bewahren

Jeder Gedanke und jedes Gefühl ist ein Ausdruck unserer Lebensenergie. Positive Gedanken und Gefühle bringen unsere Energie zum Fließen und können ungeahnte Potenziale freisetzen, alles was uns in irgendeiner Form negativ beeinflusst, raubt uns wertvolle Energie.

Wer einmal im täglichen Leben darauf achtet, wird schnell selbst erkennen, was ihm Lebensenergie entzieht, wann man müde und lustlos ist oder sich einfach krank fühlt. Denn Hass, Neid, Gier, Eifersucht, Unzufriedenheit – alles, was an negativen Gedanken und Gefühlen vielleicht in einem steckt, verbraucht die Lebensenergie und wirkt sich damit schwächend auf das körperliche und geistige Wohlbefinden aus.

Es ist jedoch ganz einfach, seine Lebensenergie zu bewahren. Egal ob Sie einem aggressiven Autofahrer, einer unfreundlichen Bedienung oder dem unverschämten Kollegen begegnen, wer seine positiven Kräfte kultiviert und seine Mitmenschen mit Nachsicht, Mitgefühl und Güte behandelt, gibt Energieräubern keine Chance mehr und wird sehr schnell merken, wie groß der Zuwachs an Lebensfreude plötzlich ist.

Wer mit dem Meditieren beginnt, sollte darauf achten, möglichst regelmäßig, am besten immer zur gleichen Zeit und am selben Ort zu meditieren. So fällt es leichter, die Aufmerksamkeit des Geistes nach innen zu richten und zu entspannen.

Der Sinn des Lebens

Jeder stellt sich irgendwann einmal die Frage, worin der Sinn des Lebens eigentlich liegt, und ob er in seinem Leben eine besondere Aufgabe zu erfüllen hat. Bücher über

Religion, Esoterik und Lebenshilfe geben dazu eine fast unüberschaubare Vielzahl an Alternativen. Aber in jedem von uns schlummert die Fähigkeit, von sich aus die Frage nach dem Sinn seines eigenen Lebens zu beantworten. Dazu muss er nur die Umgebung, in der er lebt, und sich selbst vertieft betrachten.

Das Wunder der eigenen Existenz und des ganzen Universums zu spüren, beantwortet die Frage nach dem Sinn des Lebens schon zum Teil. Wir sollen das Leben genießen und uns daran freuen. Wenn wir noch versuchen, natürlich, einfach und nach den Prinzipien des Taoismus zu leben, schöpfen wir alle Möglichkeiten aus.

Die Zukunft mit beeinflussen

Jeder Mensch entwickelt sich selbst gemäß seiner individuellen Neigungen und Fähigkeiten, kann Kunstwerke oder technische Neuheiten schaffen, kann durch Forschung bahnbrechende Erkenntnisse erlangen, anderen Menschen helfen oder für andere ein Vorbild sein. Ohne es groß zu beabsichtigen, hilft er allein durch seine Existenz der ganzen Menschheit, ja dem Tao selbst, sich zu entwickeln. Die Spur eines jeden Menschen geht ein in das Gedächtnis der Natur, bildet Stufen, auf denen andere nach uns weiter aufsteigen.

Eine besondere Rolle kommt auch den eigenen Kindern zu, denen wir Aufmerksamkeit, Zuwendung, Unterstützung und Liebe geben sollen. Wenn wir keine eigenen Kinder haben, können wir anderen Kindern und Jugendlichen helfen. Aber nach dem grundlegenden Prinzip des Tao brauchen wir kein Motiv und auch kein Ziel in unserem Leben. Wir sollten das Leben nur bewusst leben und uns an der Vielfalt seiner Gaben und Geschenke erfreuen.

Die Frage nach dem Tod

Wenn die Menschen also weitgehend nach den Prinzipien des Tao leben und sich der gewaltigen Energie und Intelligenz ihres wahren Bewusstseins anvertraut haben, was geschieht dann mit ihnen am Ende ihres Lebens? Wird ihre Identität unwiederbringlich gelöscht oder bleibt sie doch in irgendeiner Form erhalten?

Nach meiner Meinung ist unser individuelles, wahres Bewusstsein ein Teil des Tao und existiert folglich ewig. Unser Körper und unser Ego verschwinden dagegen eines Tages, ähnlich einem Blatt, das vom Baum fällt. Unser wahres Bewusstsein überdauert aber wie der eigentliche Baum selbst alle Jahreszeiten. Und je mehr wir bereits im Leben unser Ego überwinden, umso leichter fällt uns dann auch der endgültige Abschied von ihm im Tod.

Unser Gedächtnis ist ein morphogenetisches Feld und bleibt erhalten mit all seinen Kenntnissen und Erinnerungen. Es ist fest eingebunden in die morphogenetischen Felder unserer Familie und der ganzen Menschheit. Unser wahres Bewusstsein bleibt damit immer in Verbindung und nutzt dieses Wissen genauso wie das Wissen der ganzen Welt zur Gestaltung der Zukunft.

Über dieses Buch

Über den Autor

Dr. Dieter Freitag war nach seinem Studium der Elektrotechnik Forschungsingenieur, Entwicklungsleiter und schließlich Technischer Werkleiter und Direktor der Siemens AG. Nach einem schweren Kletterunfall änderte er sein Leben radikal, absolvierte eine Ausbildung zum Heilpraktiker und ist nach zahlreichen Weiterbildungsseminaren heute als Ernährungs- und Lebensberater tätig.

Literatur

Egli, René: Das LOLA-Prinzip. Verlag Editions d'Olt 2000
Fischer, Theo: Wu wei – Die Lebenskunst des Tao. Rowohlt-Verlag. Reinbek 1992
Fischer, Theo: Lass dich vom Tao leben. Rowohlt-Verlag. Reinbek 2000
Hellinger, Bert: Was in Familien krank macht und heilt. Verlag Carl Auer 2000
Hunzinger, Jean: Die bioklimatische Ernährung. Eigenverlag 1997
Kieser, Werner: Die Seele der Muskeln. Walter Verlag 1997
Konz, Franz: Der große Gesundheits-Konz. Verlag Universitas 1998
Sheldrake, Rupert: Das Gedächtnis der Natur. Piper Verlag. München 1993
Studienreihe für Gesundheitspraktiker. Waldthausen Verlag 1995
Wandmaker, Helmut: Willst Du gesund sein, vergiss den Kochtopf. Goldmann Verlag. München 1992
Wandmaker, Helmut: Rohkost statt Feuerkost. Goldmann Verlag. München 1996

„natuerlich" sind: Alice Miller. ... Fuß von Hellinger (branken) Der

Hinweis

Das vorliegende Buch ist sorgfältig erarbeitet worden. Dennoch erfolgen alle Angaben ohne Gewähr. Weder Autor noch Verlag können für eventuelle Nachteile oder Schäden, die aus den im Buch gemachten praktischen Hinweisen resultieren, eine Haftung übernehmen.

Bildnachweis

Freitag Dr. Dieter: 9 li., 22 (N.N.); Gettyimages, München: U1 (N.N.); Image Bank, München: 7 (Per Eriksson), 40 (Lisa Romerein), 63 (Marc Romanelli), 78 (Yankang China Tourism Press/Yang); Jump, Hamburg: 58 (Kristiane Vey); Südwest Verlag, München: 33 (Barbara Bonisolli), 45 li. (Matthias Tunger), 67, 68, 69 – Yoga Motive (Susanne Kracke); Zefa, Düsseldorf: 1 (Meyer), 4/5 (Bach), 9 re. (Lenz), 12/13 (Bauer), 17, 86/87 (Lukasseck), 25, 39 (Cole), 29 (Ohligschläger), 45 re. (Sagel & Kranefeld), 50 (Hatz), 52/53, 90 re. (Emely), 72 (Louis Moses), 76/77 (Meyer), 90 li. (Allofs), 95 (Weiler), 98 (Wood), 105 re. (Masterfile), 105 li. (Auslöser), 108 (Reichelt).

Impressum

Der Südwest Verlag ist ein Unternehmen der Ullstein Heyne List GmbH & Co. KG, München. © 2002 Ullstein Heyne List GmbH & Co. KG, München 2. Auflage 2003

Alle Rechte vorbehalten. Nachdruck – auch auszugsweise – nur mit Genehmigung des Verlags.

Redaktion und Projektleitung: Zenia Krenth
Redaktionsleitung: Dr. Christiane Lentz
Bildredaktion: Jana Egert
Produktion: Manfred Metzger (Leitung), Annette Aatz, Monika Köhler
Umschlag: Jan-Dirk Hansen
Layout und DTP: Dr. Alex Klubertanz

Printed in Italy
Gedruckt auf chlor- und säurearmem Papier

ISBN 3-517-06579-x

Register